Meinen Schweizer Freunden
Erich von Däniken
und Guido Bangerter
in Dankbarkeit gewidmet

Peter Krassa

Als die gelben Götter kamen

Mit einem Beitrag von Erich von Däniken

BARDTENSCHLAGER VERLAG MÜNCHEN

© 1973
Bardtenschlager Verlag GmbH München
Schutzumschlag: Hanusch / Mader / Wegscheider
Bilder: Bierbaumer (2), Krassa (2), Milton Arno Leof (1), NASA (1), Molden (1), Sanderson/Däniken (1), Econ (1), The Metropolitan Museum of Art (1), Völkerkundemuseum (1), Tomas (1).
Satz und Druck: Brönner & Daentler KG, Eichstätt
Buchbinderei: Hans Klotz, Augsburg
ISBN 3-7623-0005-4

INHALT

Die Lust des Menschen, neue und kühne Ideen zu produzieren, war nur eine Winzigkeit größer als sein Trieb, alle neuen und verwegenen Gedanken zu bekämpfen.
Und diese Winzigkeit machte den Fortschritt aus.

Rainer Erler in: „Die Delegation"

Erich von Däniken

GÖTZENDÄMMERUNG

Rote, weiße, schwarze, gelbe Götter. Götter mit Schlitzohren und Mandelaugen, mit runden Köpfen und plumpen Bäuchen, mit blauem Blut und drittem Auge. (Mitten auf der Stirne, versteht sich!) Spindeldürre Antennengötter mit Rädern an den Oberschenkeln. Götter über Wasser und Wolken schwebend, in Kugeln, Eiern hockend, auf fliegenden Schlangen reitend, durch den Hades marschierend. Götter in Wolkensäulen und Bundesladen, in Vimaanas und „Perlen am Himmel". Eifersüchtige, neidische, bösartige, beleidigte, kriegerische Götter. Zwangsvorstellungen der jeweiligen Völker? Religiöses Bedürfnis oder mißverstandene Realität?

Daß der echte, nicht faßliche und undefinierte Gott sich technischer Apparaturen bedienen soll, ist Kinderei. Doch davon redet kein Kenner. Es geht um den Indizienbeweis, daß unsere prähistorischen Ahnen mit außerirdischen Wesen in Kontakt kamen, und eben diese Wesen — mangels technischer Kenntnisse und Ausdrücke — als Götter einstuften. Dies war der Beginn großer und alter Religionen.

Die nachfolgenden Geschlechter blieben gläubig. Ein gewählteres Wort für beschränkt. Und die heutige Generation ist stur. Eingefahren und festgefroren im Mantel wissenschaftlicher Religiosität. Wer gibt schon freiwillig ertragreiche Positionen auf? Welcher Etablierte hat Zivilcourage, das anscheinend fundiert Bewiesene in Zweifel zu ziehen? Auch Wissenschaftler werden rasch geächtet. Verlächerlicht aus den eigenen Reihen. Der einzelne weiß es, und reagiert durch Mitlaufen oder Schweigen.

Gedanken sind unzerstörbar. Einmal ausgesprochen schweben sie frei im Raum und infizieren mit ihren Ablegern zweifelnde Gehirne. Mag eine untolerante Garde diese Flut zurückzudämmen versuchen, am Altbewiesenen gläubig festhalten, so zerbricht die Mauer des heiligen Zorns letztlich an der Wahrheit. Daran nämlich, daß unsere ersten Religionen mißverstandene Kosmonauten vergötterten. Neumodische Abwandlungen dieser Religionen drehen bloß alten Käse um, der die Sicht zum Himmel verschleiert.

Zum Weltraum.

Ich zähle zu denen, die tagtäglich Argumente gegen einen Götterbesuch aus dem Kosmos einstecken. Angriffe, die „besonders vernünftig" formuliert sind und hinter denen profundes Wissen wie gähnende Mäuler Wacht hält. Jedoch die Tiefe ist oberflächlich und einseitig. Die Gegenargumente stammen aus der bisherigen Schule, den bisherigen Übersetzungen, der bisherigen Archäologie, den bisherigen Datierungen, der bisherigen Raumfahrt. Querverbindungen zwischen allen Wissensgebieten und der kalkulierbaren wissenschaftlichen Zukunft werden nicht hergestellt.

Was wird verkündet? Interstellare Raumfahrt ist unmöglich wegen der Distanzen und den gewaltigen Energiemengen, die zur Überbrückung dieser Distanzen aufzubringen wären. Antwort: Der Kosmos ist eine einzige Energiekonzentration. Seit wann muß ein Schiff auf dem Meer das Wasser, auf dem es schwimmt, mitschleppen? Warum werden Unmengen Treibstoffanteil am Startgewicht eines Raumschiffes in die Rechnungen miteinbezogen, wo eben dieser Treibstoff doch überall zu haben ist? Kernfusionen von Wasserstoff und Helium, Photonenstrahlen oder totale Materiezerstrahlungen sind realisierbar.
Jetzt braucht man bloß noch zu antworten, es gäbe keine umwandelbare Materie im Kosmos. $E = m \cdot c^2$.

Was wird behauptet? Die fremden Götter würden niemals menschenähnlich aussehen, und es sei absurd anzunehmen, die

Fremden hätten ausgerechnet über eine ähnliche Technik verfügt, wie wir sie heute entwickeln. Man vergißt — absichtlich oder aus Beschränktheit? — das Wesentliche. Versichern unsere Chronisten nicht, „Gott" habe den Menschen „nach seinem Ebenbild" geschaffen? Und wie mag wohl ein solches Elternprodukt ausschauen? Wie wird es denken und sich entwickeln? Mir ist noch kein Krokodil untergekommen, das Schreibmaschine schreibt. Wenn zwischen den fremden Göttern und uns demnach eine Verwandtschaft äußerlicher und geistiger Art besteht, so ist dies keine Zauberei. Die Fremden sind nicht zufälligerweise ähnlich wie wir, aber wir ähneln ihnen — was keineswegs dasselbe ist.

Und wendet man ein, dies seien wilde Spekulationen, so bedanken sich dafür die Chronisten unserer Vorväter, denn die Erschaffung des Menschen „nach Gottes Ebenbilde" war ihre Idee. Eine berechtigte Idee übrigens, wie Molekulargenetiker wissen. Man ändere die Basenreihenfolge in einem DNS-Makromolekül und schaffe durch diese künstliche Mutation neues Leben. Doch dies muß ja den Prähistorikern nicht bekannt sein.

Unsere primitiven Vorfahren — so höre ich immer wieder — hätten sich Gott in der Natur vorgestellt. In den Wolken, im Blitz, im Donner, im Erdbeben, im Vulkanausbruch, in der Sonne, den Gestirnen und den Naturkatastrophen. Wie süß. Wie reimt sich das mit den Felsmalereien, die keineswegs Naturereignisse als Götter stilisieren, sondern sehr gottmenschliche Wesen? Und woher nehmen die Chronisten ihre „Frechheit" zu versichern, Gott habe den Menschen nach seinem Ebenbilde geschaffen? Wenn Gott als Naturgeschehen geglaubt wurde, kann doch wohl der dümmste Vorfahre nicht meinen, er sei „Gottes Ebenbild".

Und diejenigen, welche vor Jahrtausenden die Schreibkunst beherrschten, waren die Dümmsten nicht.

I. BLICK ZURÜCK IM STAUNEN

„Der leere Raum ist wie ein Königreich ..." — Besaßen Chinas Ur-Wissenschaftler universelles Wissen?
— Weltraumfahrt im Reich der Mitte — An der Grenze
des Phantastischen.

I

„Der leere Raum ist wie ein Königreich, und Himmel und Erde sind nichts weiter als einzelne Menschen innerhalb des Königreiches. An einem Baum befinden sich Früchte, und in einem Königreich leben viele Menschen. Wie unvernünftig wäre es, wenn man annähme, daß es neben Himmel und Erde keine weiteren Himmel und keine weiteren Erden geben könnte." Diese musisch verbrämten Gedanken veröffentlichte kein Weiser unseres Jahrhunderts. Der dies sagte, war der chinesische Philosoph Teng Mu, und er lebte zu Zeiten der Sung-Dynastie (420 bis 479 n. Chr.). Das ist einigermaßen verblüffend, wenn man bedenkt, wie naiv damals die Vorstellungen der europäischen Gelehrten über die Struktur des Universums gewesen sind. Für sie war die Erde, auf der sie standen, nichts weiter als eine riesige Scheibe, über die sich der Himmelsdom spannte. Morgens ging die Sonne am östlichen Horizont auf, wanderte tagsüber über das Firmament, um abends im Westen zu versinken. Die Sterne aber, die nachts am Himmel blinkten, waren — so bestimmten es unsere wissenschaftlich gebildeten Vorfahren — nichts weiter, als Löcher in der Himmelsdecke, durch die das Licht des Paradieses schimmerte.

Solche Thesen verbreitete damals die abendländische Wissenschaft. Und China? Dort vertrat ein weiser Mann wie Teng Mu zur selben Zeit die Ansicht, das Universum könne durchaus die Wohnstatt vieler Zivilisationen sein, es könne mehr als nur einen Planeten geben, auf dem Leben entstanden sei. Ein Zufall werden Sie vielleicht sagen, lieber Leser. Ein genialer Gedankenblitz in der Dunkelheit des Nichtwissens. Irrtum! In diesem alten China, dem legendären „Reich der Mitte", gab es weit mehr Dinge, als sich unsere heutige Schulweisheit träumen läßt. Schon rund 2600 Jahre v. Chr. behauptete der Gelehrte Chi-Po, die Erde sei von kugelförmiger Gestalt und schwebe schwerelos im Raum.

Der Gelehrte Chang Heng wiederum, er lebte 78 bis 139 n. Chr., war sich gewiß, daß unser Planet „einem Ei" ähnlich sehe. Seine Achse deute auf den Polarstern, verkündete der Wissenschaftler. Rund hundert Jahre vor Christi Geburt schrieb Chi Meng in seinenm Werk „Hsuan Yeh", die blaue Farbe des Himmels sei auf eine optische Täuschung zurückzuführen, für ihn stünde ferner fest, daß Sonne, Mond und Sterne frei im leeren Raum schwebten und nicht — wie unsere gebildeten Altvorderen glaubten — am Himmelszelt befestigt worden seien. Der Aufbau des Kosmos und sein Entstehen war altchinesischen Wissenschaftlern offenbar nichts Fremdes. Sowohl im Buch „Huai Nan Tzu" (120 v. Chr.) als auch in der Schriftquelle „Lung Hang" (82 n. Chr.) wird in durchaus modern anmutenden Gedankengängen der universelle Schöpfungsvorgang rekonstruiert. Demnach seien die Welten einst aus verdichteten Wirbeln der Urmasse entstanden. Diese Beschreibung entspricht völlig unserer heutigen Anschauung über die Bildung von Milchstraßensystemen. Woher aber wurde Chinas prähistorischen Gelehrten diese Gedankenkombination zugänglich? War es praktizierte Wissenschaft, die schon damals betrieben wurde, oder hatten diese Ur-Wissenschaftler am Ende Zugang zu noch älterem Quellenmaterial untergegangener Zivilisationen?

Solche Fragen stellen sich nicht aus Effekthascherei. Es muß heute ganz einfach verwundern, wenn ein gewisser Hou Yih bereits vor 4300 Jahren das Aussehen der Mondoberfläche mit „öde, kalt und glasartig" beschrieb, was im übrigen genau den Beobachtungen unserer neuzeitlichen Mondfahrer entpricht. Wieso „neuzeitlich"? Weil man sich unwillkürlich zu fragen beginnt: Ist vielleicht alles schon einmal dagewesen?

Warum lesen wir im Shu-king, dem berühmten Buch der Urkunden, folgende Passage und welch tieferer Sinn liegt ihr zugrunde?

„Als der Kaiser bei den Menschen nicht mehr die geringste Spur von Tugend wahrnahm, befahl er Chong und Li, jede Verbindung zwischen Himmel und Erde abzubrechen. Seither gibt es keine Abstiege und Aufstiege mehr." Sollte es im vorgeschichtlichen China bereits Raumflüge gegeben haben? Künstliche Fluggeräte, mit deren Hilfe es den Altvorderen möglich war, fremde Gestirne zu erreichen? Gab es damals vielleicht sogar den Besuch nichtirdischer Intelligenzen auf unserer Erde? Liegt all diesen überlieferten Textfragmenten tatsächliches Geschehen zugrunde, oder handelt es sich dabei lediglich um Symbolismen?

Dieses Buch will versuchen, auf viele diesbezügliche Fragen Antwort zu geben. Antworten, die ohne Zweifel manchen Leser verblüffen werden — doch im Zeitalter der Weltraumfahrt haben sich viele Vorstellungen geändert, unerklärliche Ereignisse verflossener Epochen gewinnen, aus unserem heutigen Blickfeld besehen, gänzlich andere Bedeutung.

Ja — es gab schon einmal die Weltraumfahrt auf diesem Planeten. Die alten Chinesen standen mit ihr auf du und du. Im prähistorischen China gab es nicht nur eine hochstehende Kultur, auch Technik und Wissenschaft standen auf besonderem Niveau. Nicht zufällig haben wir sogar schon in der Schule von den großartigen Erfindungen der alten Chinesen gelernt. Vom Schießpulver etwa oder dem Kompaß.

Vieles wird der Leser auf den nächsten Seiten erfahren. Wir werden in einem konzentrierten Querschnitt den Weg Chinas zurückverfolgen bis in eine Zeit, die unter den Schleiern des Vorgestern verborgen ruht. Wir werden uns bemühen, viele dieser Schleier zu zerreißen, um einen Blick in die fernste Vergangenheit des gelben Volkes werfen zu können. Eine Vergangenheit, die uns nur noch in Legenden, Sagen und Mythen erhalten geblieben ist. Im offiziellen Geschichtsbild Chinas hat sie kaum einen Platz, der in seinem Weltbild befangene Historiker weiß mit ihr und ihren Geschehnissen nur wenig bis gar nichts anzufangen.
Wir hingegen wollen die Grenze des Phantastischen überschreiten.

II. NICHTS NEUES UNTER DER SONNE?

Mister Bell „leugnet" seine Erfindung — Der „Zauber-spiegel" des Kaisers Ts'in Shi — Röntgenstrahlen vor Christi Geburt — Akupunktur, die große Unbekannte — — Das Meßgerät an unseren Fingern — Stiche, die den Tod bedeuten — „Berauschende" Narkosen, geniale Chirurgen.

II

A. G. Bell, der berühmte Erfinder des Telefons, überraschte seine
Bewunderer im Jahr 1907 mit der Feststellung: „Alte Erfindun-
gen werden wiederentdeckt – alte Erfahrungen neu erprobt!"
Auf welche Fakten stützte sich Bell bei seiner ungewöhnlichen
Aussage? War etwa auch seine Erfindung nichts weiter als eine
Reproduktion vergessener Genialität? Bezog Bell sein Wissen aus
vergilbten Geheimbüchern, deren er habhaft geworden war?

Bevor wir uns in fruchtlosen Spekulationen verlieren, wollen wir
uns den Mythen des alten China zuwenden. Darin stoßen wir
auf Hinweise, sofern wir bereit sind, den Inhalt dieser über uns
gekommenen Legenden ernst zu nehmen. Die „mythischen Fakten" decken sich originellerweise mit der Aussage A. G. Bells.

Es scheint also der alte Röntgen mit seinen berühmten Strahlen
gar nichts so besonderes entdeckt zu haben, berichtet doch eine
chinesische Sage von dem seltsamen Besitz des Kaisers Ts'in
Shi, 259 bis 210 v. Chr., der einen „Zauberspiegel" sein eigen
nannte, mit dem man „die Knochen des Körpers zu erhellen vermochte". Noch im Jahr 206 v. Chr. soll sich dieser mysteriöse
Spiegel im Palast Hien-Yang in Shensi befunden haben.

Dieses „Ur-Röntgengerät" war von rechteckiger Form, 122 Zentimeter breit und 176 Zentimeter hoch, mit glänzender Außen-
und Innenseite. Trat ein Patient vor den „Zauberspiegel", so sah
er sein Spiegelbild seitenverkehrt. Legte der Betrachter seine
Hände auf die linke Brustseite – die Seite des Herzens – dann
offenbarte ihm der Spiegel sämtliche inneren Organe, ja sogar
den Sitz verborgener Krankheiten.

Was mit der rätselhaften Apparatur später geschehen ist, liegt im dunkeln. Wahrscheinlich ist sie den Wirrnissen, von denen das chinesische Reich im Laufe seiner bewegten Geschichte immer wieder heimgesucht worden ist, zum Opfer gefallen. Vielleicht aber modert der „Zauberspiegel" irgendwo im Versteck eines neuzeitlichen Alchemisten, ängstlich behütet vor dem Zugriff zerstörerischer Elemente.

Ein immerhin nachweisbares vorgeschichtliches Phänomen, das heute die moderne chinesische Medizin um viele Erkenntnisse bereichert, ist die Akupunktur.
Die chinesische Nadeltherapie, zu Zeiten Chiang Kai-scheks öffentlich geächtet, ist drauf und dran, einen Siegeszug um die Welt anzutreten. Immer mehr Kapazitäten auf dem Gebiet der Medizin studieren diese uralte Heilmethode, bekennen sich also zu einer Errungenschaft der vorgeschichtlichen Wissenschaft. Dabei ist es seltsam: Die chinesischen Ärzte sind zwar genauestens darüber informiert, welche Punkte am Körper des Patienten und wie tief sie genadel werden müssen, warum diese Jahrtausende alte Methode aber letztlich funktioniert — das wissen sie bis heute nicht.

An dieser Stelle scheint es daher notwendig, mit ein paar Angaben über diese ungewöhnliche Heilmethode aufzuwarten.
Die zu nadelnden Punkte liegen über insgesamt zwölf Haupt- und zwei Sondermeridiane verstreut. Es genügt nun nicht, nach Belieben diese oder jene Punkte „anzubohren", denn die Wirkung solcher Behandlung wäre nicht nur grundverschieden, sondern für den Patienten auch gefährlich.

Die klassische chinesische Akupunktur verzeichnet neben den Spezialpunkten auf den verschiedenen Meridianen auch noch sechs verschiedene Arten von Punkten.
Da gibt es die „Mu"- und „Alarm"-Punkte. Sie befinden sich in der Nähe des jeweiligen Krankheitsherdes, nicht aber auf dem Meridian, der zu dem erkrankten Organ gehört. „Alarmpunkte" heißen sie bei uns deswegen, weil sie sofort Wirkung zeigen, sobald der Akupunkteur mit der Nadel hineinsticht.

20

Die sogenannten „Lo"-Punkte dienen ebenso der Harmonisierung des gesamten Organismus wie die „Ching"-Punkte. Erstere gleichen noch zusätzlich zwischen bestimmten Organen aus.
Die „Yü"-Punkte sind nur auf dem Blasenmeridian zu finden und liegen rechts und links von der Wirbelsäule zwischen dem ersten Rücken- und dem letzten Lumbalwirbel. Es gibt insgesamt ein Dutzend „Yü"-Punkte. Die Punkte, auf die es schließlich ankommt, tragen entscheidend zur Anregung bzw. Dämpfung bei. Über sie wird die Funktion eines Organs angeregt, wenn es zu schwach, und gedämpft, wenn es zu stark arbeitet.

Erstaunt werden Sie vielleicht fragen, wie es chinesischen Ärzten überhaupt möglich sei, die richtigen Punkte am Körper stets zielsicher zu nadeln, da ja auch die unterschiedliche Körpergröße der Patienten mitberücksichtigt werden müsse.
Dieses Problem haben die Entdecker der Akupunktur, die alten Chinesen, schon vor 4000 Jahren gelöst: Sie selbst, lieber Leser, besitzen das dafür erforderliche überaus präzise Meßgerät: Ihre Finger!

So wie wir Menschen verschieden gewachsen sind, so ist auch das mittlere Glied des Mittelfingers unterschiedlich groß. Machen Sie doch die Probe aufs Exempel, krallen Sie Ihre Finger zusammen. Sogleich werden sich zwischen den einzelnen Fingergliedern sogenannte Beugefalten bilden. Wenn Sie jetzt die Entfernung zwischen den Endpunkten der beiden Beugefalten des mittleren Mittelfingergliedes messen, dann haben Sie das gewünschte „Akupunkturmaß".

Für den verantwortungsbewußten Akupunkteur ist es beim Nadeln gewisser Punkte ungemein wichtig, genau Obacht zu geben, wo er seine feinen versilberten Stahlnädelchen in den Körper des Patienten einsticht. Generell stehen dem Arzt nur jene genannten Haupt- bzw. Sondermeridiane zur Verfügung.
Die entsprechenden Punkte, also Einstichstellen, sind unterschiedlich bezeichnet und sind auch von unterschiedlicher Wirksamkeit, sobald sie mit der Akupunkturnadel in Berührung kommen.

Es gibt aber am Körper des Menschen auch Punkte, die weder auf einem der zwölf Haupt- noch auf den beiden Sondermeridianen zu finden sind. Der geschulte Akupunkteur kennt ihre Position, wenngleich er nicht zu erklären weiß, wieso diese „außerhalb" liegenden Punkte ebenfalls zur Heilung führen. Durchaus möglich, daß auch sie in irgendeiner Weise mit den Meridianen in Verbindung stehen. Chinas Ärzte haben dies noch nicht ergründet. Sie wissen nur, daß die Nadelung dieser oder jener Punkte bei bestimmten Krankheiten unbedingt hilft. Sie wissen aber ebenso, daß gewisse Punkte nicht berührt werden dürfen, sozusagen „verboten" sind, weil ihr „Anstich" zum augenblicklichen Tod führen würde. Die chinesischen Chroniken haben noch weit mehr medizinische Überraschungen anzubieten. Der Chirurg Hua T'o schaffte es zur Zeit der späteren Han-Dynastie (25 bis 220 n.Chr.) mühelos, auch schwierigere Operationen an seinen Patienten vorzunehmen, indem er sie zuvor betäubte.

Er machte dies recht schmackhaft, mischte ein größeres Quantum Wein mit Hanfschaumpulver und „berauschte" auf diese Weise seine Patienten im wahrsten Sinn des Wortes. Dem Rausch folgte sodann eine tiefe Bewußtlosigkeit und während dieser Zeitspanne nahm Hua T'o seine operativen Eingriffe am Körper des Patienten vor. So war der Chirurg imstande, nachdem er einen Einschnitt auf dem Bauch oder am Rücken vorgenommen hatte, krankhafte Wucherungen zu entfernen, wobei er auch Magen oder Gedärme, wenn es notwendig schien, von verseuchten Stoffen reinigte. Später nähte Hua T'o die Wunde wieder zusammen und behandelte sie mit einer Salbe von ungewöhnlich heilender Wirkungskraft. Die Wunde schloß sich, berichtet die Chronik, bereits nach vier bis fünf Tagen und noch vor Ablauf eines Monats war der Patient, der während des Eingriffes nicht das mindeste gespürt hatte, wieder völlig gesund.

Laut Andrew Tomas, der darüber auch in seinem Buch „Wir sind nicht die ersten" berichtet, soll das Lester Institut in Shanghai, das in den dreißiger Jahren von einem wohlhabenden Engländer gegründet worden ist, die wissenschaftliche Grundlage der alten chinesischen Arzneien ergründet haben. Dabei kam man zu der überraschenden Erkenntnis, daß selbst so kuriose Arzneien wie Eselshaut, Hundehirn, Schafsaugen, Schweineleber oder Tang auf Grund ihrer chemischen Substanz echte Wirksamkeit besaßen. Edward H. Schafer, der Verfasser des Buches „China — Das Reich der Mitte", ist ebenfalls davon überzeugt, daß die alten Chinesen weit mehr wissenschaftliche Fähigkeiten besaßen, als wir sie ihnen gemeinhin zugestehen. Der Autor schreibt:

„Die Chinesen der Frühzeit erforschten die Geheimnisse der Natur aus drei Gründen: um für das, was sie bereits glaubten, neue Beweise zu finden; um bestehende Techniken zu verfeinern oder um bereits bestehende Ziele, wie eine exaktere Astrologie oder eine wirksamere Alchemie auf kürzerem Wege zu erreichen ..."

Dem ist nichts hinzuzufügen!

III. DIE BOTSCHAFT DER STEINERNEN TELLER

Ist Peking im Besitz eines außerirdischen Beweisstückes? — Der Fund des Chi Pu Tei — „Schallplatten" aus Granit? — Tsum Um Nui macht Chinas Archäologen rebellisch — Zwergwesen in Affengräbern? — Was Hieroglyphen erzählen — Außerirdische Landung im Bayan-Kara-Ula-Gebirge? — Der Mensch in der Zukunft: Ein häßlicher Gnom mit Superintelligenz? — Gibt es Parallelen zu vorvorgestern? — Waren die Steinteller einst elektrischen Spannungen ausgesetzt? — Tsum Um Nui behauptet: Es geschah vor 12 000 Jahren — Mein „langer Marsch" — Das Dementi aus Peking — Reiseziel Moskau — Besuch bei Kasanzew — Sind die japanischen „Dogu"-Statuetten Darstellungen vorgeschichtlicher Raumfahrer? — Sowjetische Wissenschaftler beweisen: Der Tunguska-„Meteor" war ein außerirdisches Raumschiff — Die Story von den Steintellern stammt aus Japan — Wozu denn in die Ferne schweifen... — Der Beweis in meiner Hand!

III

Außerirdische im vorzeitlichen China? Eine seltsame Frage, oder doch nicht so ungewöhnlich? Ähnliche Behauptungen werden schon seit Jahren rund um den Globus aufgestellt, nur der unumstößliche Beweis hiefür konnte bisher noch nicht erbracht werden. Im Lande Maos soll er existieren. Auf 716 tellerartigen Relikten, die von einem chinesischen Archäologen vor mehr als einem Jahrzehnt untersucht worden sind. Der Gelehrte, ein Professor der Archäologischen Akademie in Peking, hat sich der Mühe unterzogen, die auf den Steingebilden eingeritzten Hieroglyphen zu entziffern. Die Geschichte, die der Archäologe daraufhin der staunenden Fachwelt präsentierte, machte in wissenschaftlichen Kreisen die Runde. Sie wurde allgemein angezweifelt — und man darf dies den braven Wissenschaftlern nicht einmal verübeln. Denn wenn die Deutung der hieroglyphischen Zeichen stimmt, wie dies jener Prähistoriker behauptet, dann besäße die Volksrepublik unumstößliche Beweise für die einstmalige Existenz außerirdischer Intelligenzen im Reich der Mitte. Dieser Beweis ist der Öffentlichkeit derzeit nicht zugänglich. Er ruht, gut verwahrt, in einem Archiv der Archäologischen Akademie in Peking. Hat dies seinen bestimmten Grund? Machen Sie sich darüber selbst ein Bild, lieber Leser, und lesen Sie aufmerksam die nun folgende Geschichte . . .

Es war im Jahr 1938, als der chinesische Archäologe Chi Pu Tei mit einigen Kollegen eine wahrhaft folgenschwere Entdeckung machte. Bei Ausgrabungen in den Felshöhlen des Bayan-Kara-Ula-Gebirgsmassivs — es trennt China von Tibet — stieß die Gruppe beim Öffnen von Gräbern auf seltsame Relikte: 716

Steinteller, zwei Zentimeter dick, mit je einem Loch in der Mitte, von dem eine doppelspurige Rillenschrift spiralenartig bis zum Rand des Tellers führte. Das Ganze sah aus wie eine Schallplatte aus Granit, eine Langspielplatte, wenn man die Größe des Fundes als Vergleich heranzieht.

Jahrzehntelang kümmerte sich niemand mehr um die eigentliche Herkunft der offensichtlich uralten Relikte. Erst 1962 begann sich ein Mitglied der Archäologischen Akademie Pekings, Prof. Tsum Um Nui, näher mit den „auf Eis" gelegten Granitscheiben zu befassen. Er unternahm mit einigen befreundeten Archäologen eine neuerliche Expedition zu den Fundstätten der rätselhaften Teller und rekonstruierte mühsam deren Ursprung.

In den Höhlengräbern fanden die chinesischen Forscher zahlreiche Skelette kleingewachsener Wesen, an denen eines besonder auffiel: Deren unproportioniert große Köpfe.

Schon Professor Chi Pu Tei und seine Begleiter hatte 1938 dieses Mißverhältnis verblüfft. Die Gelehrten hatten sich auch daran erinnert, daß in jener Gebirgsgegend zwei Volksstämme gewohnt haben sollen — die Dropa und die Chams — die bislang noch keiner ethnischen Gruppe zugeordnet werden konnten. Die Dropa und die Chams, das waren zwerghafte Wesen, nur 130 Zentimeter groß, die jedem Kontakt mit ihrer Umwelt ängstlich aus dem Weg zu gehen versuchten und natürlich längst ausgestorben sind.

Sie wurden ausschließlich in den Felshöhlen des Bayan-Kara-Ula-Gebirges bestattet, und ausgerechnet in ihren Gräbern wurden jene 716 schallplattenähnlichen Granitteller entdeckt.

Prof. Tsum Um Nui und seine Freunde publizierten die Entdeckung ihrer archäologischen Rarität zunächst in Fachkreisen, doch die weniger erfolgreichen „Kollegen" wollten davon nichts wissen. Tsum Um Nui hätte lediglich Zwergaffengräber gefunden, höhnten sie — wenngleich auch sie die logische Frage nicht beantworten konnten, aus welchen Gründen jene Steinteller in die angeblichen Affengräber gelegt worden waren.

Prof. Tsum Um Nui hatte jedoch noch etwas anderes entdeckt: An den Höhlenwänden stachen ihm und seinen Begleitern eigenartige Gravierungen mit einem fürwahr seltsamen Motiv in die Augen. Deutlich sichtbar waren Sonne, Mond und Planeten in die Wände eingeritzt worden, allesamt verbunden durch erbsengroße Punkte, deren Weg unverkennbar zur ebenfalls skizzierten Erde wies. Was sollte dies bedeuten?

Prof. Tsum Um Nui und wohl auch seine Begleiter waren keine „Einbahn-Wissenschaftler". Sie hatten Phantasie und sie benötigten diese auch, denn das Entdeckte war phantastisch genug. Sollte die Lösung der Ritzzeichnungen in den in diesen Gegenden überlieferten Legenden zu suchen sein, die davon künden, daß vor undenklichen Zeiten gelbgesichtige Männer vom Himmel gestiegen sein sollen, deren spindeldürrer Körper von voluminösen Köpfen geziert war? Die Häßlichkeit der Fremden war der Sage nach so abstoßend, daß die umwohnenden Stämme sowie irgendwelche „Männer auf flinken Rossen" Jagd auf sie machten und viele der Zwergwesen töteten.

Mit wahrem Wissenshunger machte sich nun Prof. Tsum Um Nui an seine nächste Aufgabe heran: Gemeinsam mit seinen archäologischen Helfern bemühte er sich — ohne das Ziel seiner Forschungsarbeit dieses Mal zu publizieren — jene doppelspurige Rillenschrift auf den „Schallplatten" aus Stein zu entziffern.

Es gelang ihm tatsächlich — doch als das Ergebnis vor ihm lag, wagte Tsum Um Nui es kaum zu fassen.

„Die Dropa glitten mit ihren Luftfahrzeugen aus dem Wolken herab", hieß es da beispielsweise im entschlüsselten Rillentext. „Zehnmal bis zum Sonnenaufgang versteckten sich Männer, Frauen und Kinder in den Höhlen. Schließlich verstanden sie die Zeichen und sahen ein, daß diesmal die Dropa mit friedlichen Absichten gekommen waren . . ."

Handelte es sich hier nicht zweifelsfrei um eine Landung außerirdischer Geschöpfe in der Gebirgsgegend von Bayan-Kara-Ula? Wenn Tsum Um Nui und seine Freunde richtig entziffert haben, dann ist kein anderer Schluß zulässig.

In diesen Texten würde sich außerdem der rätselhafte Inhalt der Volkssagen von Bayan-Kara-Ula bestätigen, wo von gelbgesichtigen Männern die Rede ist, die einstens „vom Himmel" gekommen sein sollen.

Wie aus den wiedergegebenen Textstellen hervorgeht, scheinen die Fremden zunächst ausgesprochen kriegerische Absichten gehabt zu haben. Wahrscheinlich ging es auch für sie um den notwendigen Lebensraum, der ja ständig neu erkämpft werden mußte. Nach und nach lernten Dropa und Chams sich ihrer Umwelt anzupassen. Man praktizierte damit schon vor Tausenden von Jahren eine Art von friedlicher Koexistenz. Die Texte scheinen dies jedenfalls anzudeuten.

Woher aber kamen die häßlichen Wesen? Worauf könnte ihre abnormale Anatomie — voluminöse Köpfe, überzarter Körperbau — zurückgeführt werden?

Fragen über Fragen, die vorderhand, wenn überhaupt, auch von unseren Ethnologen nicht beantwortet werden können. Es fehlen ganz einfach geeignete Anhaltspunkte und nur wenn man gewillt ist, den seltsamen Legenden um Bayan-Kara-Ula Glauben zu schenken, scheint eine Lösung des Rätsels vielleicht denkbar.

Eine interessante Zeitungsmeldung ließ mich aufhorchen. Sie gab die Forschungsarbeit von fünf namhaften Biologen wieder, von denen sich der Niederländer Dr. Grijseels als Wortführer in einer amerikanischen Fachzeitschrift Gedanken über das mögliche Aussehen des Homo sapiens in zehntausend Jahren machte. „Die Menschen einer fernen Zukunft", schrieb der seriöse Biologe, „etwa im Jahre 12 000 n. Chr., werden nur noch weiche Nahrung zu sich nehmen können, da ihre Zähne verkümmert sein werden. Gehirne und Köpfe werden gleichermaßen wachsen wie die menschliche Intelligenz. Um aber die ins Voluminöse gewachsenen Köpfe im Gleichgewicht zu halten, wird sich der Körperbau der menschlichen Rasse annähernd birnenförmig entwickeln."

Doch auch die Umwelt, mutmaßt Dr. Grijseels Biologenteam, werde sich in den kommenden Jahrtausenden wesentlich verändern. Stark absinkende Temperaturen würde uns Menschen einen natürlichen fellartigen Flaum wachsen lassen, der den ganzen Körper bedecken und uns solcherart vor Kältegraden schützen werde.

Aber auch unsere Arme würden bis dahin zu bedeutungslosen Stummeln verkümmern, die Beine sich wie bei Liliputanern verkürzen – da uns beide ja kaum noch nützlich wären. Perfekte Maschinen dürften nämlich in zehntausend Jahren sicherlich imstande sein, sich nicht nur selbständig zu erhalten, sondern uns auch jedwede Arbeit abzunehmen, behaupten die Gelehrten.

Das Endprodukt einer solch weitreichenden Evolution würde uns Erdenbürgern des 20. Jahrhunderts keine Entzückensschreie entlocken: Aus dem einstigen „Ebenbild Gottes" wäre im Jahr 12 000 n. Chr. ein zwar superintelligenter, jedoch nach heutigen Maßstäben außerordentlich häßlicher Gnom mit riesigem Kopf und birnenförmigem Körper geworden. Eine derart düstere Zukunftsvision wird uns zumindestens von Dr. Grijseels und seinen vier Bioexperten angekündigt.

Sollte es sich – kam mir unversehens der Gedanke – bei den beiden geheimnisvollen Zwergvölkern, den Dropa und den Chams, um ähnlich degenerierte Superintelligenzen nichtirdischer Abstammung gehandelt haben? Um Geschöpfe, die gänzlich vom Moloch ihrer überzüchteten Technologie abhängig geworden waren?

Ist es nur Zufall, wenn uns die Hieroglyphen aus Bayan-Kara-Ula auch davon berichten, daß es den „kleinen gelben Männern" nicht mehr möglich gewesen sei, ihre schwerbeschädigten Luftfahrzeuge (nach unfreiwilliger Bruchlandung im Gebirge) wieder flugtauglich zu machen? Waren die „vom Himmel" gekommenen Fremden das Opfer ihres Unvermögens geworden, ihre selbständig arbeitenden technischen Geräte zu reparieren? Eine logische Folge fortgeschrittener Degeneration?

Immerhin denkbar. Doch kehren wir nochmals zu den 716 Steintellern zurück. Einige von ihnen wurden nämlich nach Moskau gesandt und dort von Geologen eingehend untersucht. Das Ergebnis überraschte: Die getesteten „Schallpatten" zeigten nämlich noch ein weiteres Symptom: Ihr registrierter Vibrationsrhythmus verleitete die sowjetischen Physiker zur Annahme, die Granitteller könnten früher einmal großen elektrischen Spannungen ausgesetzt gewesen sein.

Prof. Tsum Um Nui darauf befragt, wieweit er die Existenz seiner ungewöhnlichen Höhlenrelikte zurückadtiere, nannte das aufregende Alter von mindesten 12 000 Jahren. Wenn diese Annahme der Richtigkeit entspricht – vor welcher Zeit hat dann die tatsächliche Landung der gelbgesichtigen Zwergwesen stattgefunden?

Ich tat alles, um diesem Geheimnis auf die Spur zu kommen. Im Verlauf einer mehrwöchigen Chinareise im Mai 1972 bemühte ich mich unablässig, Genaueres über die rätselhaften Steinteller zu erfahren. Während meines Pekinger Aufenthaltes bestürmte ich deshalb meine chinesischen Begleiter, mir Zutritt zur Archäologischen Akademie zu verschaffen. Vergeblich. Das Institut, bedauerten meine Gastgeber, sei seit der Kulturrevolution geschlossen und man wisse auch nichts über das Schicksal der früher dort tätig gewesenen Wissenschaftler.

Dies war für mich eine herbe Enttäuschung, aber ich gab nicht auf. Mein „langer Marsch" hatte vielmehr erst begonnen. Irgendwo mußte doch einfach ein Foto dieser „kosmischen Schallplatten" existieren.

Ich wandte mich deshalb sofort nach meiner Rückkehr nach Österreich an die Chinesische Botschaft in Wien und bat, mir einen an die Archäologische Akademie adressierten Brief nach Peking weiterzuleiten. Vom Botschafter, Herrn Wang Yueh-yin, abwärts, zeigte man sich meinem Wunsch gegenüber sehr aufgeschlossen. Im Oktober 1972 wurde mein Schreiben von den Chinesen nach Peking abgeschickt. Dann begann für mich eine harte Geduldprobe, und es dauerte ein gutes halbes Jahr, ehe ich Anfang März die Antwort der Akademie in Händen hielt. Der

Brief war jedoch in chinesischen Schriftzeichen abgefaßt worden, und so verlängerte sich meine Wartezeit um eine weitere Woche. In dieser Zeit war Herr Chen Wen-kuei, der sympathische Wiener Korrespondent der Nachrichtenagentur „Neues China", bemüht, mir das Schreiben aus Peking in meine Muttersprache zu übersetzen.

Das Ergebnis machte mir leider keine besondere Freude: Die Archäologische Akademie in Peking dementierte alles, was mit den Steintellern in Verbindung stand.
„Soviel uns bekannt ist, wurden in China niemals ‚Steinteller' gefunden, die Sie in Ihrem Brief erwähnt hatten", lautete das chinesische Antwortschreiben, und: „Der Bericht über den Fund der sogenannten ‚Steinteller' in China im Jahr 1938 entbehrt jeder Grundlage. Wir wissen auch nichts von einem Professor Tsum Um Nui. Mit herzlichen Grüßen Ihr Wang Chung-su, Sekretär of The Institute of Archaeology Academia Sinica."

Beruhte die Story über den mysteriösen Steinteller-Fund tatsächlich nur auf einem Hirngespinst?

In kluger Voraussicht hatte ich meine Fäden auch in anderer Richtung weitergesponnen — in die Sowjetunion.
Nach einer ersten Kontaktaufnahme mit dem in Wien tätigen Chefredakteur der sowjetischen Nachrichtenagentur Nowosti, Krestjaninow, schrieb ich, auf dessen Anraten, einen „Wunschbrief" an die Moskauer Redaktion der Zeitschrift „Sputnik", deren deutschsprachige Ausgabe im April 1968 die Geschichte von den mysteriösen Steinscheiben erstmals auch in unseren Breiten bekanntgemacht hatte. Verfasser dieses Artikels war der bekannte, an der Universität Minsk tätige, Philologe Wjatscheslaw Saizew gewesen.

Schon nach wenigen Wochen hielt ich die Antwort in Händen. „Sputnik"-Chefredakteur Fedossjuk lud mich ein, die Redaktion seiner Zeitschrift zu besuchen und stellte mir auch ein Rendezvous mit dem wissenschaftlichen Schriftsteller Alexander Kasanzew in Aussicht. Kasanzew, so machte mich Nowosti-Chef Krestjaninow neugierig, sei im Besitz einer der reichhaltigsten sowjetischen Sammlungen vorgeschichtlicher Funde.

Auf Anraten Krestjaninows hatte ich in der Zwischenzeit auch Wjatscheslaw Saizew mit meinen Wünschen brieflich vertraut gemacht, und man kann wohl verstehen, daß ich den kommenden Ereignissen förmlich entgegenfieberte.

Am 24. März 1973 hob das Charterflugzeug der AUA vom Schwechater Flughafen ab. Mein Reiseziel hieß Moskau.

Moskau, 27. März 1973. Ein strahlend schöner Tag, nicht nur wettermäßig. Mein Rendezvous mit Alexander Kasanzew ist für 11 Uhr vormittag angesetzt. Der Besuch war mir tags zuvor von „Sputnik"-Chefredakteur Fedossjuk arrangiert worden. Nun sitze ich in einem Taxi, neben mir Herr Medwedew, ein Dolmetsch, den ich mir um 35 DM für drei Stunden über das Reisebüro „Intourist" ausgeliehen habe.

Meine Spannung steigt. Alexander Kasanzew ist immerhin nicht irgendwer. Er hat sich als Autor sowjetischer Science-Fiction-Stories einen Namen gemacht, ist außerdem Mitglied der Moskauer Akademie der Wissenschaften und hält Kontakt mit Forschern aus der ganzen Welt.

Unser Taxi biegt in den Lomonossowsky Prospekt ein. In dieser Straße wohnt Kasanzew. In einem Wohnhauskomplex, auf Nummer 15. Die Türglocke schlägt an, man öffnet. Vor mir steht ein Mann um die 50 herum (Kasanzew ist 58 Jahre, erfahre ich später). Er ist leger angezogen, mit einem Bärtchen am Kinn und einem weiteren unter der Nase, silbergrauem Haar und einem Lächeln um die Lippen.

Herr Medwedew und ich werden von unserem Gastgeber in einen großen Raum gebeten, vielleicht dient dieser auch als Arbeitszimmer. Das Inventar macht einen überaus gemütlichen Eindruck. Bücherregale, handgezeichnete Bilder sowie Skulpturen, wohin man schaut. Ich mache es mir auf der Couch bequem, „einseitig" flankiert von meinem Dolmetsch. Vis-à-vis haben Alexander Kasanzew und ein „Beobachter" der Agentur No-

wosti Platz genommen. Wir mustern uns, neugierig, erwartungs-
voll. Dann rücke ich mit meinen Anliegen heraus.

Ob es Herr Kasanzew grundsätzlich für denkbar halte, frage ich,
daß auch fremde Sonnensysteme von intelligenten Lebewesen
bewohnt sein könnten und was seiner Meinung nach dafür sprä-
che. Mein Dolmetsch übersetzt präzise und prompt. Schon während der Anfahrt hatte ich herausgefunden, daß Herr Medwedew,
ein noch ziemlich junger Mann, meinem Themengebiet großes
Interesse entgegenbrachte.

Kasanzew zögert mit der Antwort keinen Augenblick. Er sehe
keinen Grund, die Existenz fremder Zivilisation zu verneinen,
meint er. Und da es in unserer Galaxis eine riesengroße Anzahl
von Sternen gäbe, die unserer Sonne ähnlich seien − „eine Mil-
liarde oder mehr" − könne man anhand der Wahrscheinlichkeits-
theorie durchaus behaupten, daß eine ganze Menge von erd-
ähnlichen Planeten existiere.
„Selbstverständlich muß auch auf diesen Planeten das Leben auf
gleiche Weise entstehen, wie es seinerzeit auf unserer Erde entstanden ist", doziert mein Gastgeber weiter. Er räumt ein, daß
sich intelligentes Leben auf solchen Planeten bis auf unser der-
zeitiges Niveau aber vielleicht auch höher entwickelt haben
könnte.

Frage eins war quasi „Vorgeplänkel". Nun bin ich beim Thema.
„Herr Kasanzew", werde ich präziser, „wäre es Ihrer Meinung
nach auch denkbar, daß fortgeschrittene Bewohner des Kosmos
unsere Erde vor vielen tausend Jahren besucht haben, gibt es
Hinweise auf solche außerirdische Tätigkeiten und ist zum Beispiel die noch unaufgeklärte Explosion des Tunguska-Meteors
im Jahr 1908 eine dieser Spuren?"
Ich hatte den berühmten Meteor nicht ohne Hintergedanken in
meiner Frage erwähnt. Alexander Kasanzew beschäftigt sich
schon seit Jahren mit diesem noch nicht völlig gelösten Rätsel.

„Ich sammle solche Spuren", sagt er offen, „die davon zeugen
können, daß unsere Erde in der Vergangenheit von Interplane-

tariern besucht worden ist." Kasanzew geht zu einem Wandregal und stellt zwei seltsame verschieden große Statuetten vor mich auf den Tisch. „Das sind Dogus", erklärt er mir, er habe sie von Freunden aus Japan geschenkt erhalten. Merkwürdige Dinger. Ich habe sie natürlich fotografiert, der geneigte Leser möge das Ergebnis anhand der Bildtafel dieses Buches besehen.

Der Ursprung der Statuetten ist ungeklärt. Ihr Aussehen jedoch einigermaßen verblüffend. Aus Bronze gegossen, scheinen die Dogus stilechte Raumanzüge zu tragen. Enganliegende Bänder über beiden Schultern treffen jeweils an Bauch und Gesäß der seltsamen Wesen aufeinander und geben einem Hüftgurt Halt. Die Kleidung der Statuetten scheint aus einem Stück angefertigt zu sein, mit etwas Phantasie sind sogar Ausbuchtungen bis hinunter zu den Knien erkennbar. Ausrüstungstaschen? Der Helm scheint durch Wulste und Bänder mit dem Rumpf verbunden. Sind nicht da und dort Öffnungen erkennbar? Eingebaute Atem- oder Hörgeräte?

Kasanzew macht mich bei den Dogus auf zwei ganz besonders faszinierende Dinge aufmerksam. Der Leser möge die Fotos noch einmal genau in Augenschein nehmen. Die Köpfe der beiden japanischen Statuetten (die größere von ihnen ist etwa 60 cm hoch) werden von voluminösen Brillen mit schräg gestellten Linsen geziert. Schneebrillen sind das wohl kaum, abgesehen davon, daß uns Heutigen nichts davon bekannt geworden ist, wonach sich unsere Vorfahren derartiger Hilfsmittel bedient haben sollen.

Doch das war nicht alles, was mir Kasanzew zeigte. Die Dogu-Statuetten besaßen anscheinend auch keine Hände. Statt dessen sind an deren Stelle so etwas wie „Greifer" zu sehen. Mechanische Werkzeuge, wie sie auch von den amerikanischen Astronauten bei ihren Mondspaziergängen getragen wurden. Das Stichwort „US-Raumfahrer" ist damit gefallen. Kasanzew berichtet mir: „Nach Erhalt dieser Statuetten aus Japan habe ich meinem amerikanischen Korrespondenten Kurt Saizek Fotoaufnahmen von den Dogus geschickt und ihn gebeten, diese Bilder maßgeblichen Stellen der NASA vorzulegen. Saizek sandte mir nach einiger Zeit meine Fotos wieder retour sowie ein Schreiben. Darin teilte er mir die Ansicht der NASA mit, die meine Vermutung bestätigte. In den meisten Grunddetails, hieß es von zuständiger Stelle, seien die Dogu-Anzüge mit jenen Raumanzügen identisch, die für die US-Astronauten im NASA-Auftrag angefertigt worden sind." Wirklich nur ein Zufall?

„Was aber den von Ihnen erwähnten Tunguska-Meteor betrifft", setzt mein Gastgeber fort, „so kann diese Geschichte längst nicht mehr als reines Phantasieprodukt bezeichnet werden!" Der wissenschaftlich versierte SF-Autor zeigt mir ein Buch, schlägt dann einige bestimmte Seiten auf. Der vorgelegte Beitrag stammt von keinem Autodidakten. Es ist die Arbeit des sowjetischen Wissenschaftlers Alexej Solotow. (Kasanzew: „Alexej war fünf Jahre lang Leiter jener Expedition, die in der Tundra nach Spuren dieses angeblichen Meteors suchte und sich mit den Einzelheiten der Tunguska-Katastrophe beschäftigt hat.")
Das von der Gruppe Solotow damals zusammengetragene Material hatte später auch das Akademiemitglied Boris Konstantinow hellhörig gemacht. Wieder legt mir Kasanzew eine wissenschaftliche Arbeit vor. Sie kann nicht einfach als sinnlose Spekulation abgetan werden. Konstantinow war sogar Vizepräsident der Moskauer Akademie der Wissenschaften. Er ist kürzlich verstorben.

Einvernehmlich, erzählt mir mein Gegenüber, seien dann Solotow und Konstantinow zur Überzeugung gelangt, in Tunguska-Taiga habe 1908 in zehn Kilometer Höhe eine Kernexplosion stattgefunden. Das wissenschaftliche Werk, übersetzt mir mein Dolmetsch, führt den Titel „Über die Radioaktivität der Baumarten im Gebiete der Tunguska-Katastrophe" und wurde vom Vereinigten Institut für Kernforschung in Dubna herausgegeben.

Nach Ansicht Solotows, die auch Konstantinow und das Akademiemitglied Mechedow teilen bzw. teilten, habe man festgestellt, daß die Jahresringe der Baumstämme in der Tungusischen Taiga nach dem Vorfall im Jahre 1908 viel dicker waren, als die vor der Explosion gewachsenen Schichten. Solotow verweist hiebei auf die Analyse der 1908 in der Greenwicher Sternwarte registrierten Barogramme von der Explosion, die jenen Kurven geglichen hätten, wie solche bei späteren nuklearen Explosionen in der Atmosphäre in fünf Kilometer Höhe festgestellt worden seien. Dr. Mechedow zieht daraus einen bemerkenswerten Schluß. Die betreffende Textstelle wurde mir von meinem tüchtigen Dolmetsch, Herrn Medwedew, übersetzt. Sie lautet:

„Wiederum kommen wir — so phantastisch das auch erscheinen mag — auf die Vermutung zurück, daß die tungusische Katastrophe die Folge einer Havarie auf einem Raumschiff war, das Antimaterie als Treibstoff benutzte."

Mein Kontingent an Fragen ist längst nicht erschöpft. Ganz im Gegenteil. Die Kernfrage steht noch bevor. Sie bezieht sich auf den eigentlichen Grund meines Besuches. Es geht um die Steinteller von Bayan-Kara-Ula. Mein Gastgeber kennt die Geschichte, aber gibt es auch Fotos dieser „kosmischen Schallplatten"?
Mein Gegenüber wird nachdenklich. „Ganz ernsthaft, wie soll ich es Ihnen sagen", meint er zögernd, „ich zweifle ein wenig an dem Wahrheitsgehalt dieser Information. Als Ihr Freund Erich von Däniken vor fünf Jahren bei mir zu Gast war, habe ich ihm dasselbe gesagt."

Der Inhalt der Steinteller-Story, den Wjatscheslaw Saizew 1968 in der sowjetischen Zeitschrift „Sputnik" veröffentlicht habe, erzählt mir Kasanzew (der mit Saizew übrigens gut befreundet ist), beruhe im wesentlichen auf Angaben einer ufologischen Zeitschrift, an deren Titel er sich im Augenblick nicht erinnern könne. (Es handle sich um die belgische Zeitschrift „BUFOI", schrieb mir Saizew ein paar Wochen später aus Minsk. Das Blatt habe außerdem auch ein Foto eines solchen Steintellers veröffentlicht, doch sei das Bild selbst leider nicht in seinem Besitz, bedauerte der sowjetische Philologe.) Diese zitierte Gazette habe ihrerseits lediglich einen japanischen Artikel gleichen Inhalts wiedergegeben. „Auch meine Freunde in Japan, die mir seinerzeit die beiden Dogus hier zum Geschenk gemacht haben, konnten mir bisher für den Wahrheitsgehalt der Steinteller-Fabel keine schlüssigen Beweise liefern", bedauert mein Gastgeber. „Für mich", fügt Kasanzew hinzu, „ist nur die Wahrheit wichtig — als Phantast aber sollte man Skeptiker sein!" Er hat natürlich recht, auch wenn mich die Antwort damals ziemlich enttäuschte.

„Gibt es Ihrer Meinung nach untrügliche Hinweise für die einstmalige Tätigkeit außerirdischer Besucher im prähistorischen China?" fragt ich weiter. Kasanzew reagiert zögernd. „Wissen Sie", meint er, „China ist für mich wie ein geschlossenes Buch, darum weiß ich auch nicht sehr viel über dieses Land. Ich kann Ihnen lediglich mit mythologischen Überlieferungen dienen, in denen beispielsweise berichtet wird, daß einstmals die Himmelssöhne mit Feuerdrachen auf die Erde kamen und den Menschen Ackerbau und Viehzucht lehrten."

Fotos der Steinteller aus Bayan-Kara-Ula habe ich zwar nicht erhalten, doch der Besuch bei Alexander Kasanzew hat sich zweifellos gelohnt.

Sie kennen doch sicherlich das alte Sprichwort „Wozu denn in die Ferne schweifen, wo das Gute liegt so nah"? Es paßt haargenau auf meine Situation. Da fuhr ich wochenlang durch China, korrespondierte über Monate mit der Archäologischen Akademie in Peking, flog in die Sowjetunion, besuchte Kasanzew, schrieb an Saizew — und dann fand ich die Spur der Steinteller ausgerechnet in meiner Heimatstadt Wien. Im Völkerkundemuseum.
Beim Stöbern im Archiv des Instituts stieß ich auf ein 1957 in Peking erschienenes Werk über Ausgrabungen chinesischer Archäologen.
Darin leuchtete es mir förmlich entgegen: ein kleines Schwarz-Weiß-Foto mit einem der 716 Steinteller von Bayan-Kara-Ula. Überzeugen Sie sich selbst: das von mir so hartnäckig gesuchte Fundstück ist auf der Bildtafel dieses Buches wiedergegeben.
Warum wird die Botschaft der steinernen Teller von offiziell-chinesischer Seite so ängstlich gehütet? Wäre ihre Aussage für die Menschheit von so umwälzender Bedeutung?

IV. AUF DEN SPUREN DER GELBEN GÖTTER

Der Legende entrissen — Eine Stadt der Superlative — Die Totenrüstung des Jade-Prinzen — Was Chinas Archäologen während der Kulturrevolution entdeckten — Auch Kopien sind manchmal unbezahlbar — Prinz Chu Tans Gigantengrab — Eine rüstige Mumie.

IV

Die Chinesen betrachten die kulturelle Entwicklung, die ihr Land genommen hat, als das alleinige Werk der „Drei Erhabenen", San-huang, und der „Fünf Kaiser", Wu-ti. Diese Kulturheroen sind geschichtlich nicht erfaßbar. Ihre Existenz, sofern wir diese als gegeben ansehen, liegt im Dämmerlicht der Vorzeit.

Von den nachfolgenden sogenannten „Drei Erhabenen", Santai, das sind die Dynastien Hsia, Shan und Chou, galt lange Zeit nur die Chou-Dynastie als geschichtlich verbürgt. Ausgrabungen in den Jahren zwischen 1927 und 1938 bei Anyang in Honan entrissen jedoch die Shang-Dynastie dem Reich der Legende. Sie bestätigten auch in jeder Hinsicht den Bericht über die Shang-Kaiser im „Shih-chi", der von Ssu-ma Ch'ien im ersten vorchristlichen Jahrhundert aufgezeichneten Geschichte Chinas.

Hingegen wurden bisher keine Spuren entdeckt, die die einstmalige Existenz der Hsia-Dynastie bestätigten. Doch sind die Archäologen vorsichtiger geworden. Verbannten sie nämlich früher nicht sofort nachweisbare Dynastien ungnädig in das Reich der Sage, so läßt man sich heute für alle Fälle eine Hintertüre offen, um allfälligen Irrtümern zu entgehen. Gleiches müßte auch für die Nachweisbarkeit uralter mythischer Herrscher des prähistorischen China gelten. Schon mehrmals − und nicht erst durch Schliemann in der Entdeckung Trojas − hat sich inzwischen erwiesen, daß Sagen oder Legenden nicht unbedingt erfundene Fabeln oder Märchen sein müssen. Es gilt, den Wahrheitsgehalt solcher Erzählungen aus deren Inhalt herauszuschälen. Das erfordert viel Geduld.

Archäologen waren es, die uns ein Zeugnis bautechnischer Entwicklung aus der Shang-Dynastie zur Kenntnis brachten: Die Stadt Cheng-chou. Sie besaß ein von einem oder mehreren Wällen umgebenes Zentrum, in dem außer den Staatstempeln und dem Palast auch die Wohnhäuser für die hohen Beamten untergebracht waren. Bewohnt wurden diese fast ausschließlich von Mitgliedern der regierenden Familien.

Zur Führungsschicht zählte einmal mehr: die Priesterschaft. Sie hatte großen Einfluß auf die Staatslenkung, wobei ihr die Wundergläubigkeit der weltlichen Führer (was die sogenannten Orakelweissagungen betraf) wohl ziemlich entgegenkam. Außerhalb der Wälle gab es verschiedene Spezialistenviertel sowie die Wohnungen der einfachen Bevölkerung, die sich aus Freien und Sklaven zusammensetzte. Auch Bauern gehörten dazu. Sie bewirtschafteten die nahegelegenen Felder.

Zweifellos besaß Cheng-chou eine stattliche Einwohnerzahl. Chinesische Archäologen errechneten in mühevoller Kleinarbeit den Bedarf an Arbeitskräften beim Bau der Wälle der Shang-Stadt. Der Wall dieser Stadt hatten den gewaltigen Umfang von 7200 Metern und umschloß ein Gebiet von 3,2 Quadratkilometern. Anhand des besterhaltenen Stückes der Mauer von etwa neun Meter Höhe, nimmt man an, daß der Steinkoloß ursprünglich eine Höhe von zehn Metern erreichte. An seiner breitesten Basis maß der Wall 36 Meter.

Ausgrabungen beweisen, daß die Befestigungsanlagen Cheng-chous aus gestampftem Lehm bestanden. Zu diesem Zweck — so errechneten die Archäologen — mußten etwa 2,9 Millionen Kubikmeter Erde bewegt werden. Ein Versuch ergab, daß mit Hilfe einer Bronze- oder Steinhacke nur 0,02 bis 0,03 Kubikmeter Erde pro Stunde bewältigt werden können. Stellt man sich die Frage, welche Arbeitsleistung dazu nötig war, dann ist die Antwort imponierend: Rund 10 000 Menschen schwitzten 18 Jahre lang, um die Befestigungsanlagen der Zitatelle von Cheng-chou fertigzustellen.

Liest man diese Zahlen, so wird verständlich, daß jener Staat, der Cheng-chou errichtete, sich auf große finanzielle Mittel sowie einen fähigen Verwaltungsapparat stützen konnte. Die Grabungen in Anyang sowie in der großen Siedlung Cheng-chou selbst ergaben zwar Aufschluß über die Natur des Shang-Staates, allerdings muß noch manche Lücke in der Geschichte dieser Dynastie geschlossen werden, ehe es uns möglich sein dürfte, unwiderlegbare Schlußfolgerungen zu ziehen.

In Chinas einstmaligem Kaiserpalast in Peking ist seit 1914 das größte Landesmuseum mit einer Sammlung vielfältiger Kunstgegenstände aus der großen Vergangenheit des Landes untergebracht. Mein besonderes Interesse während meiner mehrwöchigen Reise durch die Volksrepublik galt einer Sonderausstellung in diesem Palast mit Ausgrabungen historisch einzigartiger Funde. So bestaunte ich die seltsame „Totenrüstung" des 1,88 Meter großen Prinzen Liu Sheng (Frühe Han-Dynastie, 206 v. Chr. bis 24 n. Chr.), die ausnahmslos aus grünen Jadeplättchen in der Größe von Streichholzschachteln besteht und deren Einzelteilchen — gezählte 2690 Stück — durch feinen Golddraht zusammengehalten werden.

Prinz Liu Sheng, der Bruder Kaisers Wu Ti, und seine ebenfalls in eine Rüstung aus Jade gekleidete Gattin, Prinzessin Tou Wan, lagen bis zu ihrer Entdeckung im Jahr 1968 durch ein Team chinesischer Archäologen in einer unterirdischen, 52 Meter langen, 37 Meter breiten und sieben Meter hohen Grabkammer verborgen. Die prunkvolle Grabanlage befindet sich in Mancheng in der Provinz Hopei.

Es bereitete den Forschern einige Mühe, den Zugang zum prinzlichen Grabgewölbe freizulegen, hatte doch Liu Sheng den Eingang zu seiner und seiner Gattin Ruhestätte mit Stein- und Eisenhindernissen verbarrikadieren lassen.
Nicht weniger als 2 800 Grabbeigaben von hohem künstlerischen und materiellen Wert wurden neben den sterblichen Überresten des Prinzenpaares ans Tageslicht befördert.
Als ich im Kaiserpalast diesen außergewöhnlichen Fund besichtigte, bekam ich allerdings nur die Totenrüstung des „Jade-Prinzen" zu sehen. Prinzessin Tou Wan fehlte. Niemand konnte oder wollte mir sagen, wo sie geblieben war.

Bei dieser Gelegenheit scheint es mir erwähnenswert, daß die Chinesen ihre kostbaren Sehenswürdigkeiten ein Jahr nach meinem Besuch auf Europatournee geschickt haben. Erste Station war Paris, dann gastiert die Sonderausstellung der Reihe nach in London und Wien. Übrigens haben interessierte Besucher dabei nur die Möglichkeit, die mir verborgen gebliebene Prinzessin Tou Wan oder vielmehr deren Totenrüstung zu bewundern. Der „Jade-Prinz" Liu Sheng durfte die Monsterreise nicht mitmachen, er war den chinesischen Kulturpäpsten offenbar zu kostbar.

Bei der Pekinger Sonderausstellung sah ich Ausgrabungen aus elf Provinzen, alle während der Kulturrevolution vorgenommen und zwischen zwei- und viertausend Jahre alt. Ich bewunderte Bronzeschüsseln, Musikinstrumente, Jaderinge, Bogen und Speere. In den Vitrinen waren aber auch Menschen und Tiere aus Porzellan sowie prächtige Bronzevasen ausgestellt. Diese Sammlung altchinesischer Relikte wird ständig erneuert.

Chinas Archäologen sind nach vollzogener Kulturrevolution rührig wie selten zuvor. Man gräbt sich förmlich durch die Erdmassen, um nach weiteren Spuren vorgeschichtlicher Kulturgüter zu suchen — und man findet auch genug.
So etwa die 5,20 Meter lange Rolle „des vierten Jahres von Ching Lung" aus dem Jahr 710 n. Chr. (Tang-Dynastie). Diese Rolle ist die Kopie einer Spruchsammlung des weisen Konfuzius, die mit Notizen des Gelehrten Cheng Hsuan versehen ist. Es ist die älteste erhalten gebliebene Kopie der konfuzianischen Lehren und historisch besonders wertvoll.

Ein ganz sensationeller Fund ist auch die monumentale Grabanlage Chu Tans, des Prinzen von Lu, die in den Jahren 1970 und 1971 bei Tsouksien, Provinz Shantung, ausgegraben werden konnte. Obwohl das Prinzengrab schon mehrmals von Grabräubern heimgesucht worden ist, fanden Archäologen weitere zahlreiche und kostbare Grabbeigaben, die Aufschluß gaben über den damals herrschenden Lebensstandard. Unter den vielen Utensilien des Prinzen befanden sich beispielsweise Lackmöbel, Schreibzeug,

Tinte und Papier, eine Siebensaitenzither, eine Art Schachspiel, kostbare Malereien sowie mindestens dreihundert Bücher.

Chu Tans Sarg war fast unbeschädigt, auch die übrigen Requisiten des Prinzen haben sich erstaunlich gut erhalten. Sie werden im Museum von Shantung aufbewahrt.

In der Provinz Honan stießen chinesische Altertumsforscher in 20 Meter Tiefe auf die Mumie einer etwa 50jährigen Frau, die vor rund 2100 Jahren gestorben war. Der mit einer roten Substanz einbalsamierte Leichnam zeigte keine Spuren von Fäulnis, im Gegenteil: Die verstorbene Chinesin sieht auch heute noch aus wie eine Lebende. Ihre Haut ist elastisch geblieben und hat sich farblich nicht verändert.

Die Leiche lag in drei ineinander verschachtelten, reich verzierten Särgen, deren Zwischenräume mit Holzkohle und Kalk ausgefüllt waren. Das Grab wurde im übrigen in der Nähe von Ma Wang Tui entdeckt, bekanntlich die Heimat von Mao Tse-tung.

Bei der so „frisch" erhaltenen Toten fanden die Archäologen Schalen, in denen noch deutlich erkennbar Eier, Pfirsiche und Pflaumen lagen. Außerdem konnten drei Musikinstrumente, eines davon sogar mit 21 Saiten, sichergestellt werden. Welche Konservierungsmittel standen den alten Chinesen zur Verfügung, um zu derart verblüffenden Ergebnissen zu gelangen?

V. DIE SUCHE NACH DEM STEIN DER WEISEN

Experimente mit dem Unbekannten — Schon vor
1600 Jahren war den Chinesen die Herstellung von
Aluminium geläufig — Über die Kunst der Alchemisten — Ein Körnchen Wahrheit? — Chang Heng, das
Allroundgenie — Erfand er auch den Helikopter? —
Die fliegenden Wagen der Chi-Kung — Magische Spiegel als tödliche Waffen — Fachleute der UNESCO behaupten: Mit Hilfe der Spiegel konnte man schon damals fernsehen.

V

Ein Autor, der nach sechzigjähriger Forschungsarbeit über die antike Wissenschaft unter dem Pseudonym „Roisel" das Buch „Les Atlantes" schrieb (es wurde vor etwa 90 Jahren veröffentlicht), machte sich so seine Gedanken über das Wissen vorgeschichtlicher Zivilisationen:

„Was die Metallurgie betrifft, so möchte ich hier von einer recht interessanten Entdeckung erzählen. Zu Beginn meiner Untersuchungen über bestimmte chemische Verfahren früherer Zeiten war ich recht überrascht, weil es mir nicht gelang, einige metallurgische Experimente, deren Beschreibung mir durchaus klar erschien, in meinen Laboratorien zu wiederholen. Ich hatte die Anweisungen genau befolgt und auch die vorgeschriebenen Mengen genommen und bemühte mich nun vergebens, die Ursachen dieses Mißlingens zu ergründen. Schließlich wurde mir klar, daß ich trotz alledem einen Fehler gemacht hatte. Ich hatte chemisch reine Schmelzungsmittel benutzt, während die Alten sich unreiner Substanzen bedient hatten, nämlich bestimmter, aus Naturprodukten gewonnener Salze, die infolgedessen geeignet waren, eine katalytische Wirkung zu erzeugen. Weitere Experimente bestätigten mir die Richtigkeit dieser Überlegung. Die Spezialisten werden verstehen, welch außerordentliche Perspektiven sich aus diesen Beobachtungen ergaben. Man würde große Mengen an Brennstoff und Energie einsparen können, wenn man sich in der Metallurgie bestimmter früher angewandter Verfahren bedient, die fast alle auf der Wirkung der Katalysatoren beruhen . . .

Die Menschen früherer Zeiten kannten auch metallurgische Verfahren, die heute in Vergessenheit geraten sind, wie zum Beispiel die Härtung des Kupfers durch Eintauchen in bestimmte organische Lösungen. Sie konnten auf diese Weise außerordentlich dauerhafte und scharf schneidende Instrumente herstellen. Desgleichen verstanden sie sich darauf, dieses Material selbst in oxydiertem Zustand zu schmelzen ..."

Was Roisel schon vor 90 Jahren zu erkennen glaubte, fand mittlerweile in der Entdeckung eines chinesischen Metallgürtels seine Bestätigung.

Diesen Metallgürtel fanden Archäologen im Grab des chinesischen Feldherrn Chou Chou (265 bis 316 n. Chr.). Das metallische Relikt war mit Ornamenten geschmückt und versetzte die Entdecker in Erstaunen.

Dieses Staunen wuchs, als man sich in Peking der Mühe unterzog, den Metallgürtel einer genauen Untersuchung zu unterziehen. Man nahm also an einem der vielen Metallornamente eine Spektralanalyse vor und bestimmte auf diese Weise die Zusammensetzung der Legierung: Zehn Prozent Kupfer, fünf Prozent Magnesium und 85 Prozent Aluminium.

Nun kann Aluminium, wie wir wissen, nur mit Hilfe eines Elektrolyseverfahrens aus Bauxit gewonnen werden, ein solches Verfahren ist uns aber erst seit dem Jahr 1848 geläufig.

Was also befähigte die alten Chinesen, schon vor 1600 Jahren qualitatives Aluminium zu erzeugen, ohne den Kenntnissen, die uns heute geläufig sind?

Das chinesische Wissen beschäftigte nicht nur Autoren des vorigen Jahrhunderts. Auch die beiden Franzosen Louis Pauwels und Jacques Bergier kommen darauf in ihrem Buch „Die Entdeckung des ewigen Menschen" zurück. Sie ziehen dazu Lugi Paretis Kulturgeschichte „The Ancient World" als Quellennachweis heran, als deren Herausgeber die UNESCO fungiert.

Pauwels-Bergier versuchen vorwiegend der chinesischen Alchemie auf die Spur zu kommen und sind davon überzeugt, daß die Wurzeln dieses Wissens in unbekannte Jahrtausende hinabreiche. Die chinesische Alchemie soll den Zweck verfolgt haben, den Adepten zu „verwandeln", was ihm leibliche Unsterblichkeit und Weisheit gesichert hätte. Ausdrücklich wird in dem UNESCO-Buch betont, daß das Alchemistengold keineswegs zum Verkauf bestimmt gewesen sei. Seine Herstellung erfolgte vielmehr nach einem überlieferten Umwandlungsverfahren und war nur eine Zwischenstufe zur Erlangung von geeigneteren Stoffen, die dem Adepten die Überschreitung der „conditio humana" ermöglichen sollten. Pauwels-Bergier schreiben weiter:

„Der älteste bekannte alchemistische Text ist der Ts'an-t'ung-Ch'i. Wie alle Meister der Geheimlehren, schreibt der Autor unter einem Pseudonym. Der Text erklärt in neunzig Paragraphen die Herstellung der Unsterblichkeitspille aus Gold durch eine komplizierte Wärmebehandlung in einem Gefäß in Form eines hermetisch verschlossenen Eies. Wie in dem berühmten ‚Buch der Wandlungen' ... wird auch in dieser Abhandlung bereits die binäre Sprache der modernen Computer verwendet. Die Ausdrücke Yang und Yin für die lichte und dunkle Urkraft, die der Lehre des Taoismus zugrunde liegen, sind gleichfalls darin enthalten."

Man hat eine Anzahl von Schriften über Alchemie wiederaufgefunden, sämtliche aus den ersten drei Jahrhunderten nach Christus, doch beziehen sie sich alle auf viel ältere Überlieferungen. Nach Ansicht der Autoren sollen die Alchemisten, denen „das große Werk" gelungen ist, noch auf einer „Insel der Unsterblichen" leben. Weitere alchemistische Texte sollen seit der Kulturrevolution entdeckt worden sein, denn Mao Tse-tung interessierte sich angeblich dafür ...

Ich habe keine Möglichkeit, dem Wahrheitsgehalt solcher Gerüchte nachzugehen. Doch konzediere ich Pauwels-Bergier jene Seriosität, die sie über den Kreis wild phantasierender Spekulanten hinaushebt. Ich bin einer Meinung mit den beiden Franzosen, daß Alchemie längst nicht nur nebulose Scharlanterie gewesen ist, wie das manche Gelehrte sehr oberflächlich vermuten. Hinter diesem oft mißbrauchten und noch öfter mitdeuteten Wort steckte vielleicht ein Wissen, dessen Schätze im Laufe der Jahrtausende verloren gegangen sind.

So soll der chinesische Alchemist Liu An (noch bekannter unter dem Namen Huai-Nan-Tse) bereits im 2. Jahrhundert v. Chr. eine ungewöhnliche Flüssigkeit entdeckt haben. Mit ihrer Hilfe war es Menschen, die sie tranken, möglich, sich mühelos in die Luft zu erheben.

Auch Liu An trank — und unbeschwert schwebte er empor. Die Flasche mit dem Rest des Elexiers warf er wieder zur Erde. Jetzt schleckten auch Hunde, nippten Hühner von den letzten Tropfen des Wundersaftes — und schon sah man ein kurioses Schauspiel: Verzweifelt umherrudernde Hunde, flügelschlagende, gackernde Hühner, die sich die längste Zeit verzweifelt bemühten, wieder festen Boden unter den Füßen zu bekommen.

Zwar ist nicht erwiesen, ob sich die Story genauso ereignet hat, wie sie uns überliefert worden ist, doch das berühmte „Körnchen Wahrheit" könnte auch in dieser Erzählung enthalten sein. Chinas kulturelle Entwicklung und technisches Verständnis wird auch in Joseph Needhams „Monumentale Geschichte der Wissenschaft in China" (von der Universität Cambridge im Jahr 1954 veröffentlicht) ausführlich behandelt. So steht zum Beispiel fest: Die Chinesen besaßen eine präzise und hochentwickelte Kenntnis der Seismologie. Ein Parallelfall in der Geschichte anderer alter Kulturen ist nicht bekannt.

Man fand ein vollständiges Verzeichnis der Erdbeben, begonnen mit dem Jahr 780 v. Chr. bis hin ins Jahr 1644 n. Chr. Schenkt man den Chroniken Glauben — und warum sollten wir dies nicht tun? —, dann wären einstmals Götter vom Himmel gekommen und hätten gefordert, solche Listen anzulegen. Weshalb das merkwürdige Interesse für die Struktur unserer Erde? Nun, hier scheint die Annahme berechtigt, daß diese Vorkommnisse sich weit früher zugetragen haben, als dies die Chronisten vermeinen. Von Quelle zu Quelle wurden Bruchstücke eines Wissens weitergegeben, das in seiner Gesamtheit nicht mehr existierte.

Es mögen daher verschollene Kenntnisse, sein, die der chinesische Hofastronom Chang Heng durch irgendwelches Quellenstudium wiederentdeckte. Dieser Chang Heng war überhaupt ein Genie. Er wurde 78 n. Chr. geboren und starb 61 Jahre später, 139 n. Chr. Chang Heng, er lebte in der späteren Han-Periode, schuf mit seinem Seismographen eine erstaunliche Apparatur. Eine ziemlich genaue, zeitgenössische Beschreibung des Seismographen blieb uns erhalten.

Der eigentliche Mechanismus dieser Apparatur wurde durch einen kupfernen Kessel verborgen und geschützt. An seiner Außenseite gab es acht Drachenköpfe, von denen jeder eine Bronzekugel hielt. Unter jedem dieser Köpfe befand sich eine Kröte mit geöffnetem Maul, das die Kugel auffing. Traf also eine Erdbebenwelle den Standort des Kessels, so öffnete der Drache, dessen Antlitz in Richtung der ankommenden Welle schaute, seinen Rachen. Die Kugel fiel der Kröte ins Maul, es ertönte ein Glockenzeichen, und der Kiefer des Drachens klappte zusammen. Auf diese Weise — von einem hochempfindlichen Mechanismus gesteuert — war es damals möglich, mit nachfolgender Zuhilfenahme von Lineal und Kompaß (eine weitere chinesische Erfindung oder Wiederentdeckung) das Epizentrum eines Erdbebens zu finden.

Chang Heng wußte aber offensichtlich noch mehr und sein Wissen sucht seinesgleichen in China und der übrigen Welt. Er war schlechthin ein Allroundkönner. So konstruierte er einen Himmelsglobus, der die gleiche Funktion erfüllte wie heute ein Planetarium. Auf diesem Himmelsglobus konnten die Bewegungen der Sterne genau erkannt werden. Zeitgenossen schrieben begeisterte Hymnen über diese Erfindung des kaiserlichen Hofastronomen. So hätte der künstliche Himmel auf wunderbare Weise mit der Wirklichkeit übereingestimmt. Diese Armillarachse wurde mit Wasserkraft um eine polare Achse getrieben, ein verborgener Mechanismus ermöglichte zudem verschiedene Rotationsgeschwindigkeiten.

Hier Praxis, dort Theorie. Denn auch davon verstand Chang Heng eine ganze Menge. Woher? Es kann kaum ein Zweifel bestehen, daß sich der geniale Mann Zugang zu geheimen Quellen verschafft hat. Sein produktiver Geist verwertete dankbar jede Anregung.

So sind uns kosmologische Gedanken Chang Hengs erhalten geblieben, wie sie auch heute kaum logischer gedacht werden könnten. Er stellt das Weltall (bis auf die Gestirne) als völlig leer dar. In seinem Weltbild gab es keinen Platz für kristallene Sphären, wie sie z. B. im abendländischen Mittelalter kursierten. Sonnen- und Mondfinsternis sowie die Mondphasen wurden von Chang Heng folgendermaßen beschrieben:

„Die Sonne gleicht dem Feuer und der Mond dem Wasser. Das Feuer strahlt Licht aus, das Wasser reflektiert es. Also wird die Helligkeit des Mondes durch die Sonnenstrahlen hervorgerufen, er ist dort dunkel, wo sie ihn nicht treffen. Die der Sonne zugewandte Seite ist gänzlich beleuchtet, die abgewandte Seite ist dunkel. Das von der Sonne ausgestrahlte Licht erreicht nicht immer den Mond, da die Erde dazwischentreten kann — das wird dann Mondfinsternis genannt. Wenn das gleiche mit einem Planeten geschieht, nennen wir es eine Bedeckung. Bewegt sich der Mond durch die Sonnenstrahlen, dann entsteht eine Sonnenfinsternis."

Kein Zweifel: Chang Heng hatte schon zu seiner Zeit das heliozentrische Weltbild richtig erkannt. Oder gab er nur wieder, was er in uralten Schriften seiner Vorfahren aufgespürt hatte? Vieles spricht dafür, ohne deshalb die Fähigkeiten dieses außergewöhnlichen Mannes in Abrede stellen zu wollen.

Chang Heng besaß ein phänomenales Wissen. Ob er sich nun als Dichter, Maler, Philosoph, Astronom, Mathematiker, Geograph oder Staatsmann betätigte, seine Kenntnisse machten ihn auf allen Gebieten zum unübertroffenen Meister. Als Ingenieur war er seiner Zeit um mindestens 1500 Jahre voraus. Und sein Seismograph war längst nicht das einzige Glanzstück seines ausgefüllten Lebens. So soll er nach Angaben seiner Zeitgenossen auch einen Flugkörper konstruiert haben, mit dem es ihm möglich war, sich in die Luft zu erheben. Leider wurden uns in diesem Fall keine Details der Konstruktion überliefert (wie beim Seismographen), doch scheint es unwahrscheinlich, daß Chang-Heng diese Erfindung aus dem Nichts heraus gelungen sein könnte.

Jedenfalls interpretiert Prof. Needham in seinem Monumental-werk über die chinesische Geschichte eine Stelle aus dem Werk des Gelehrten Ko Hung (um 320 n. Chr.), demnach „der kaiser-liche Astronom und Meister der mechanischen Künste Chang Heng selber berichtet haben soll, er habe sich in einem Gerät mit drehenden Rotoren und eingebautem Antriebsmechanismus in die Lüfte erhoben". Chang Heng war keineswegs der erste in Chinas langer Geschichte, der fliegen konnte. Und unsere Ver-mutung, er hätte Zugang zu geheimen Quellen gehabt, aus de-nen er sich Anleitungen für seine bahnbrechenden Erfindungen holte, ist nicht weithergeholt.

Die chinesischen Chronisten übermittelten uns Berichte über das sagenhafte Volk der Chi-Kung, das ebenfalls Fluggeräte be-saß. Ja, die rührigen Chronisten taten noch ein übriges und legten ihren Berichten Zeichnungen bei, wie diese fliegenden Wagen einst ausgesehen haben sollen. Merkwürdige Details ste-chen dem unbefangenen Betrachter ins Auge. Etwa die unge-wöhnliche Form der Wagenräder, deren Felgen ein bißchen an herkömmliche Propeller erinnern. Zwischen den Rädern lassen sich mit ein wenig Phantasie Gegenstände erkennen, die auch als Getriebe denkbar wären.

Ob diese Fluggeräte tatsächlich so ausgesehen haben, sei da-hingestellt. Heute weiß man, daß die darüber angefertigten Zeichnungen auch nur nach überlieferten Berichten konzipiert worden sind. Und diese Berichte reichen in Zeiträume zurück, die kaum noch datiert werden können. Daß aber Chang Hengs „Pri-vat-Hubschrauber" verblüffende Ähnlichkeit mit den fliegenden Wagen der Chi-Kung aufweist, ist sicher kein Zufall. Hans Breuer zitiert in seinem Buch „Kolumbus war Chinese" eine Aufzeich-nung, die uns über das sagenhafte Volk der Chi-Kung zugäng-lich wurde: „Die Chi-Kung sind ein kunstreiches Volk. Sie ken-nen viele Dinge, die anderen Völkern verborgen bleiben. Auf gro-ßen Wagen reisen sie mit Windeseile durch die Lüfte. Als der Kaiser Tang (2000 v. Chr.) die Welt regierte, trug ein westlicher Wind die fliegenden Wagen bis nach Yüchow, wo sie landeten. Tang ließ die Wagen auseinandernehmen und in den Magazinen verbergen. Zu leicht glaubte das Volk an übernatürliche Dinge, der Kaiser wollte seine Untertanen nicht in Unruhe versetzen. Die Besucher blieben zehn Jahre, dann bauten sie ihre Wagen wieder zusammen, luden die Ehrengeschenke des Kaisers ein und flogen auf einem starken östlichen Wind davon. Sie erreichten wohlbehalten das Land der Chi-Kung, 40 000 Li jenseits des Jadetores. Aber mehr ist über sie nicht bekannt."

Etwa 2000 Jahre v. Chr. gab es in China bereits mechanisch betriebenes Spielzeug: Miniaturdrachen, die die Flügel bewegen und Feuer speien konnten, Tiere der Wildbahn, im Kleinformat nachkonstruiert, die sich sehr schnell über den Boden bewegten. Schließlich singende und fliegende Vögel aus einem unbekannten Material. Wer denkt da nicht an das bezaubernde Andersen-Märchen „Die künstliche Nachtigall"?

„The Prehistory of Aviation" heißt das Buch von B. Laufer, einem Amerikaner, der in seinem Werk von ihm in China gesehene Stiche beschreibt. Sie zeigen — so glaubt der Autor erkannt zu haben — illustrierte Entwürfe von Flugzeugen mit unbekannten Antriebssystemen. Die Stiche stammen aus dem Jahr 1300 v. Chr.

Wie man sieht, finden sich in Chinas Geschichte immer wieder Erwähnungen großen technischen Wissens, das aber offensichtlich nur wenigen zu eigen war. So blieb uns zum Beispiel die ziemlich exakte Beschreibung von sogenannten „magischen Spiegeln" erhalten. Sie stammt noch aus dem 1. Jahrtausend v. Chr., ist aber zweifellos weit älteren Datums. Weder ihre Konstruktion noch die Art ihrer Benutzung sind uns heute verständlich. Diese Spiegel trugen hinter dem Spiegelglas außerordentlich komplexe Hochreliefs. Bestrahlte man diesen Spiegel durch direktes Sonnenlicht, dann wurden die Hochreliefs, von der Oberfläche durch ein reflektierendes Spiegelglas getrennt, plötzlich sichtbar. Hingegen blieb dieses Phänomen bei künstlichem Licht unwirksam. Warum — das ist bisher wissenschaftlich nicht zu erklären. Diese „magischen" Spiegel besaßen eine Doppelfunktion: Sie waren nämlich auch als tödliche Waffe zu gebrauchen, die unter anderem im Kampf um die Oberherrschaft in

China Verwendung fand. Über diese „Zeit der Wunder" gibt es eine Unmenge Legenden. Darin wimmelt es nur so von unbekannten Waffen, Fluggeräten und dramatischen Ereignissen in bunter Vielfalt. Die „Zeit der Wunder" soll sich etwa 2000 Jahre v. Chr. zugetragen haben, doch dürfte das tatsächliche Geschehen in weit älteren Zeiträumen zu datieren sein. Jedenfalls schildern die Legenden den Kampf der Himmlischen um die Vorherrschaft im Luftraum. Davon wird noch später zu sprechen sein. Zunächst stoßen wir aber auf die Erwähnung des Yin-Yang-Spiegels, der offenbar imstande war, die kosmischen Urkräfte zu absorbieren und dann mit tödlicher Wirkung zu reflektieren. So wird, laut Sage, Chi'ih zunächst von Weng-Cheng mit einer magischen Peitsche gegeißelt, ehe er selbst zum furchtbaren und vernichtenden Gegenschlag ausholt. Weng-Cheng gelingt es in allerletztem Augenblick, der tödlichen Wirkung des grauenhaften Spiegels zu entgehen und zu flüchten. Jene Doppelfunktion des „magischen Spiegels" ermöglichte seinem Besitzer noch eine weitere Handhabe. Besaß man mehr von diesen Geräten und wurden sie paarweise zusammengestellt, dann war es mit ihrer Hilfe möglich, Bilder wie auf dem Fernsehschirm zu empfangen. Wie dies in der Praxis funktionierte, ist uns im Detail nicht überliefert. Fachleute der UNESCO führen die phantastischen Eigenschaften der Spiegel auf „kleine Krümmungsunterschiede" zurück, ohne diese nebulosen Angaben näher zu erläutern. Pauwels-Bergier schließen die Möglichkeit nicht aus, daß diese Spiegel gedruckte Stromkreise enthielten und einen Kommunikationsmedous darstellten.

VI. SIND SAGEN PHANTASIEGEBILDE...

Fragen über Fragen — Woher stammt der Inhalt der Legenden und Mythen? — Warum einfach, wenn es auch kompliziert geht? — Nicht philosophieren, sondern logisch kombinieren! — Die angeborene menschliche Eitelkeit.

VI

Wie alt die chinesische Kultur tatsächlich ist, vermag niemand zu sagen. Sie ist aber jedenfalls so legendär, daß sich heute die Herkunft ihrer Mythen und Sagen kaum noch eruieren läßt. Diese Legenden sind nicht einfach als triviales Phantasiegebilde abzuwerten. Unsere Ethnologen wissen nur zu gut, daß das Kulturgut alter Völker wahre Begebenheiten widerspiegelt, manchmal in seiner Realität verzerrt, mißverstanden oder fehlgedeutet — aber trotzdem nichts weniger als wahr.

Die Zweifler unserer — zugegeben phantastischen — Theorie, die Vorläufer des heutigen chinesischen Volkes könnten Intelligenzen gewesen sein, deren ursprüngliche Heimat nicht die Erde war, werden ganz sicher verschiedene Beweggründe vorzubringen wissen, warum dieser Gedanke nicht realistisch sei. Sie werden ihre Zweifel um so stärker geltend machen, wenn wir zur Begründung auf die obengenannten Mythen verweisen und sie anschließend wiedergeben.
Das Gegenargument wird unter anderen auch darin bestehen, daß diese legendären Erzählungen keinen kausalen Zusammenhang erkennen lassen, daß sie ein buntes, doch wohl kaum in sich vereinbares Bild ergeben, daß sie höchstens als abstraktes Zetigemälde bestehen können, niemals aber als ernst zu nehmendes Zeitdokument.

Tatsächlich kann, das gebe ich offen zu, nichts hundertprozentig bewiesen werden; eine hypothetische Annahme aus dem Faktum Mythe zu beziehen, scheint mir aber sehr wohl geeignet, die für unsere Spekulation nötigen Schlüsse zu ziehen.

Dazu aber sind zusammenhängende Erzählungen, die scheinbar ineinander überfließen, gar nicht notwendig.

Offen bleibt letztlich nur die Frage: Spiegeln solche Sagen — aus welchem Kulturkreis sie auch immer herrühren sollten — wahre Begebenheiten wider?

Wer diese Frage verneint, mag darüber nachdenken, warum derartige Erzählungen andauernd von fliegenden Gefährten berichten, in denen Menschen zum Himmel aufstiegen. Warum solche Mythen von Göttern sprechen, die die Irdischen besuchten. Die zu vermelden wissen, daß himmlische Wesen mit seltsamen Waffen auftraten, aus denen sie nach Belieben Blitze schleudern und mißliebige Gegner nach Gutdünken vernichten konnten. Man fragt sich unwillkürlich: Was soll das alles? Wer hat sich dieses Geschehen, von dem die Sagen leben, erdacht und warum?

Von Träumen der Menschheit zu sprechen, die schon immer fliegen wollte und ihre Wünsche in mythische Gewänder kleidete, halte ich wenig. Hier machen sich die — zweifellos hochintelligenten — Ethnologen und Geschichtsforner weit mehr Mühe als eigentlich erforderlich wäre. Sie deuten rätselhafte Begebenheiten in einer komplizierten Analyse, philosophieren nach Herzenslust, vergessen aber, daß jene Menschen einer vergangenen Epoche, die diese Mythen niederschrieben, in weit einfacheren Gedankenbildern dachten.

Kein Ethnologe kann leugnen, daß Eingeborene, die noch niemals zuvor ein Flugzeug oder einen Hubschrauber zu sehen bekamen, bei der erstmaligen Sichtung eines solchen Fluggerätes nach einer unkomplizierten Erklärung suchen werden. Der Begriff Flugzeug oder Hubschrauber ist ihnen ja in jeder Hinsicht fremd, also werden sie für den seltsamen Gegenstand einen Ausdruck ihres Sprachschatzes wählen, der ihnen am geläufigsten ist. Und wie schon ähnliche Fälle mehrfach bewiesen haben, so werden die Eingeborenen den uns bekannten Begriff Flugzeug mit dem naheliegendsten ihrer Gedankenwelt gleichsetzen: Mit einem Vogel.

Wen wundert es also, wenn bei den Indianern in Südamerika der „Donnervogel" in der Sagenwelt umherspukt. Ein großes geflügeltes Tier mit Donnerstimme. Man stelle sich nur einmal ein über den Himmel ziehendes Düsenflugzeug vor. Ist dabei die Bezeichnung „Donnervogel" nicht verblüffend und logisch?

Warum also — so fragen wir nochmals — will man die Geschehnisse in den Legenden unbedingt nur als Symbole verstanden wissen? Die Eingeborenen aus dem Busch, die erstmals mit einem Helikopter konfrontiert wurden, werden ihren Nachkommen ganz sicherlich nicht symbolisch kommen. Sie werden vielmehr mit verschwörerischer Stimme von fremden Göttern zu berichten wissen, die mit einem geheimnisvollen Tier vom Himmel zur Erde herabkamen. Dieses Tier, dessen Donnermund die Götter abwechselnd ausspuckte und verschlang, flog mit vielen Flügeln, die im Wind knatterten. So oder so ähnlich könnten die Erzählungen späterer Generationen jenes Eingeborenenstammes lauten, sollten sie auch weiterhin nicht die Segnungen unserer Zivilisation kennengelernt haben.

Der Widerstand prominenter Wissenschaftler gegen die vielerorts betriebene Deutung der Mythen „aus technischer Sicht", hat aber noch einen gänzlich anderen, schwerwiegenden Grund: die angeborene menschliche Eitelkeit.

VII. ... ODER VERSTÜMMELTE TATSACHEN-
BERICHTE?

„Alles, was wundersam zu sein scheint, hat in Wirklichkeit eine ganz bestimmte reale Grundlage . . .",
sagt Maxim Gorki — Ein Aufmarsch von intelligenten
Zeugen — Die Tragik des Menschen — Bücherverbrennung auch im alten China — Unersetzliche Dokumente für immer verloren.

VII

Das mythische Gewand, in welches sich die chinesische Vorgeschichte gehüllt hat, gewährt uns nur begrenzten Einblick in das
einstige Geschehen. Deshalb aber jene Zeit gänzlich in das Reich
der Phantasie verbannen zu wollen, wäre sicher kein kluger Ent-
schluß.

Keine Mythe ist aus dem Nichts entstanden, keine Legende in
der Schreibstube eines Schriftgelehrten. Maxim Gorki erkannte
schon zu seiner Zeit: „Überhaupt gibt es nichts Märchenhaftes
auf der Welt. Alles, was wundersam zu sein scheint, hat in Wirklichkeit eine ganz bestimmte reale Grundlage. Es gibt nichts,
was der Mensch erfunden hätte und was in der Wirklichkeit
nicht begründet wäre."
Und selbst ein gebildeter Chinese einer vergangenen Epoche
gibt uns einen bedeutsamen Wink. So schrieb der Gelehrte Yuan
Ke: „Viele sind der Ansicht, daß Mythen eine Ausgeburt der
Phantasie sind und mit der Wirklichkeit nichts gemein haben.
Das ist ein schwerer Irrtum."

Und in unserem Aufmarsch intelligenter Zeugen, die den wahren Kern legendärer Erzählungen grundsätzlich bejahen, darf
auch ein Mann nicht fehlen, der wohl über jeden Verdacht er-
haben sein dürfte, nebulosen Spekulationen anzuhängen. Wir
sprechen von Prof. Frederick Soddy, seines Zeichens Nobelpreisträger und anerkannter Entdecker der Isotopen sowie der Ver-
schiebungsgesetze auf dem Gebiet der natürlichen Radioaktivität. Seine Beobachtungen bekundete er schon im Jahr 1910,
einer Zeit also, die noch nicht vom technischen Fortschritt be-

stimmt und vorangetrieben wurde. Soddy setzte sich mit den mythischen Überlieferungen in nüchtern-wissenschaftlicher Weise auseinander und seine daran geknüpfte analytische Betrachtung ist gerade heute von besonderem Interesse. Soddy schrieb vor mehr als sechzig Jahren:

„Einige aus der Antike überlieferten Mythen und Legenden sind so allgemein verbreitet und so tief im Bewußtsein verankert, daß man unwillkürlich zu der Auffassung gelangt, sie seien so alt wie die Menschheit selbst. Man sollte doch einmal versuchen, ob die Übereinstimmung mehrerer dieser Mythen und Legenden zufällig ist oder ob man in ihnen nicht den Abglanz einer alten, uns völlig unbekannten Kultur erblicken kann, die untergegangen ist, ohne irgendeine andere Spur zu hinterlassen."

Pauwels-Bergier nennen diese Mythen verschiedentlich auch „verstümmelte Tatsachenberichte". Das kommt dem Kern der Sache schon weit näher. Um allerdings den überlieferten Berichten märchenhafter Ausstrahlung tatsächlich auf den Grund gehen zu können, wäre es zunächst für jeden Mythenforscher unbedingt notwendig, sich vorurteilsloser Objektivität beim Studium des umfangreichen Quellenmaterials zu befleißigen. Vorurteilslos — das heißt also, sich freizumachen von herkömmlichen Festlegungen. Objektiv zu prüfen, auch wenn das gewohnte Weltbild ins Wanken käme.

Unsere Vorzeitforscher sind sich heute darin einig, daß die ursprünglich vorhandenen Legenden des alten Kaiserreiches sehr wohl imstande gewesen wären, ein zusammenhängendes Bild von Chinas Frühzeit zu rekonstruieren. Leider aber existiert nur noch eine mangelhafte Sammlung brauchbarer Erzählungen. Diesen Zustand „verdanken" wir der Idee des Ministers Li Ssi, der im Jahr 213 v. Chr. seinem Kaiser Shih Huang-ti den Vorschlag machte, sämtliche Bücher mit den Aufzeichnungen aus Chinas Vorgeschichte zu verbrennen. Ausgenommen sollten nur vereinzelte technische Lehrbücher und gewisse Nachschlagwerke bleiben.

Wer die Geschichte unserer Welt nicht gänzlich vergessen hat, den wird dies kaum verwundern. Es scheint seit Jahrtausenden eine besondere Tragik des Menschen zu sein, sich von Zeit zu Zeit geistig zu amputieren. Wie viele immens wertvolle Bibliotheken, in denen das Wissen von Jahrtausenden gespeichert lag, sind infolge des Machtrausches geistig indifferenten Herrscher vernichtet worden. Diese überheblichen Machthaber glaubten ernsthaft, mit ihrem Amtsantritt ein neues Zeitmaß einführen zu können. Doch die Zeit ist über sie hinweggegangen und ihr Name steht nicht auf der Liste der Unsterblichen, sondern auf jener der Narren.

Einer dieser Narren war der chinesische „Himmelssohn" Shih Huang-ti. Es besteht heute kein Zweifel, daß bei seiner unseligen Bücherverbrennung weit mehr literarisch wertvolles Zeitgut in Asche sank, als ursprünglich vorgesehen gewesen war.

VIII. UFOS ÜBER WLADIWOSTOK

Wahres und Verrücktes über „Fliegende Untertassen"
— UFO-Spuren in uralten Texten — Die seltsame Geschichte des Dix Lester — Japanischer Funker war
akustischer Zeuge von UFO-Angriff auf Sowjet-Düsen-
jäger — War die Insel Sachalin Ziel einer UFO-Invasion? — Wer steuerte die „Untertassen"? — Sowjet-
pilot behauptet: „Die größten Dinger, die ich jemals
sah!" — Sowjetoffensive gegen UFO-Starbase — Durch
Atombombe vernichtet? — Operationsgebiet Mongolei.

VIII

Wenn ich diesen Abschnitt meines China-Reports auch dem mysteriösen und umstrittenen Phänomen der „Fliegenden Untertassen" widme, dann nur deshalb, weil es sich bei diesen vielfach gesichteten Objekten ganz sicher um mehr handelt, als um Wahn- und Phantasiegebilde. Und weil sie auch in China existent sind. Seit jenem 24. Juni 1947, als der Privatflieger Ken Arnold aus Idaho in der Nähe von Mount Rainier bei Washington plötzlich neun riesige glühende Scheiben in Kolonnenformation mit rasender Geschwindigkeit über den Himmel jagen sah, spuken die UFOs (Unbekannte Fliegende Objekte) in den Köpfen Hunderttausender Menschen umher. Umfangreich ist die Zahl derer, die jene Himmelserscheinungen mit eigenen Augen gesehen haben wollen. Leider, das sei hier mit aller Deutlichkeit festgestellt, wurde die Frage nach der Existenz und Herkunft der UFOs auch von vielen Scharlatanen und unqualifizierten Phantasten aufgegriffen und diese waren es in erster Linie, die das an sich ernste Problem vor der Allgemeinheit unmöglich machten.

Was soll man von dem Geisteszustand gewisser Menschen halten, die allen Ernstes behaupten, mit Piloten solcher UFOs zusammengetroffen zu sein und sich in ihrer Schar naiv-gläubiger Anhänger als „Kontaktler" feiern lassen? Wortwörtlich sei hier der „Bericht" einer Salzburger „Ufologin" wiedergegeben, die Beziehungen zu Venus-Bewohnern aufgenommen und sich deshalb über das Leben dieser Venusier bestens orientiert haben will.

„Seit 300 000 Jahren leben Menschen auf der Venus, die ein ausgesprochenes Paradies sein muß, denn die Lebewesen auf diesem Stern kennen keine Polizei und keine Wehrmacht, keinen Krieg und keine Verbrechen, weil dort oben das Gesetz der Liebe regiert. Sie sind Vegetarier, die Venusmenschen, manchmal essen sie aber auch etwas Fleisch von Wild und Geflügel. Sie sind gesund und können bis zu 500 Jahre alt werden. Zu ihrer schulischen Ausbildung gehören drei Jahre Ethik. Ihre Raumschiffe fliegen schwerelos mit 50 000 Kilometer pro Stunde durch das All."

Derartigen „Dokumentarberichten" ist wohl nichts hinzuzufügen, leider sind die Folgen solcher dilettantischer Auswüchse kaum wieder gutzumachen. Seriöse und ernstzunehmende Forscher, die sich seit geraumer Zeit mit dem UFO-Problem beschäftigen und mit großem Verantwortungsgefühl damit auseinandersetzen, wagen es heute nur noch in seltenen Fällen, mit ihren Forschungsergebnissen an die Öffentlichkeit zu treten.
Denn dort wie auch in offiziellen wissenschaftlichen Kreisen kann man dem UFO-Phänomen nichts mehr abgewinnen. Warum auch, wenn es Leute wie jene eben erwähnte „Ufologin" gibt, die im vorhinein bemüht sind, einen Mythos, eine neue Religion um dieses noch ungelöste Problem zu spinnen? Wobei letzteres Wort im doppelten Sinn seiner Bedeutung zu verstehen ist! Solche Pseudoreligionen werden oft nur deshalb geschaffen, um das Vakuum zu füllen, das durch die systematisch zu Ende gehende kirchliche Vorherrschaft auf religiösem Gebiet entstanden ist. Sie beinhalten zumeist den Mythos von den edlen Planetariern, die uns als „Messiasse" des 20. Jahrhunderts den so sehnsüchtig erwünschten Weltfrieden bringen sollen.

Daß man mit solchen Ammenmärchen alle Wege verbaut, die das Thema „UFO" einer Lösung näherbringen könnten, ist klar. In diesem Kapitel ist jedoch nicht der Platz, um allumfassende Gegenbeweise zur „UFO-Rehabilitierung" zu liefern. Hier soll vielmehr versucht werden, der Existenz fliegender Untertassen auch im Fernen Osten nachzuspüren. Ob und wie weit Meldungen, die mir zugänglich wurden, im Detail der Wahrheit entsprechen, bleibt natürlich dahingestellt. Es ist nun nicht so, daß die bezeugte Existenz fliegender Scheiben erst seit dem 24. Juni 1947 nachgewiesen werden kann. Was Ken Arnold in seinem Privatflugzeug begegnete, wurde schon Jahrzehnte, Jahrhunderte, Jahrtausende zuvor beobachtet. Überall tauchten die seltsamen Objekte auf. Bei den Römern nannte man sie „fliegende Schilde", die Mayas titulierten sie als „Donnervögel" und in den uralten indischen Schriften Mahabharata, Ramayana oder Samsaptakabadha werden die UFOs als „Vimaanas" bezeichnet. Luftschiffe die — so heißt es in diesen Texten — „durch himmlische Kräfte" gelenkt wurden.

Wenn nun von manchen orthodoxen Mythenforschern versucht wird, diesen Überlieferungen lediglich symbolischen Charakter zuzubilligen, dann deshalb, weil es diesen Leuten einfach nicht in den Kopf will, daß es in verflossenen Epochen technisch versierte Hochkulturen gegeben haben könnte. „Weil nicht sein kann, was nicht sein darf!"
Der erstaunte Leser findet — etwa in den erwähnten altindischen Texten — Beschreibungen von Flügen, die „durch jene Gegend des Himmelsgewölbes" führten, „die über dem Gebiet der Winde liegt".
Und wer denkt nicht unwillkürlich an die Erdumkreisungen amerikanischer Astronauten oder sowjetischer Kosmonauten, wenn er im Surya Siddhanta, dem ältesten astronomischen Textgut, das in Sanskrit verfaßt worden ist, plötzlich liest, Siddha, die vollendeten Menschen, und Vidhyahara, die Besitzer der Erkenntnis, seien rund um die Erde gereist „unterhalb des Mondes und oberhalb der Wolken"?
Ist das nicht eine sehr klare Beschreibung offensichtlicher Tatsachen, fernab jeder Symbolik?

Noch immer aber schwebt die Frage im Raum: In welchem Zusammenhang stehen jene mysteriösen Flugobjekte mit dem vorgeschichtlichen China? Gab es etwa auch Sichtungen im neuzeitlichen Reich Maos? Vor mir liegt der Bericht eines gewissen Dix Lester, der zwar mit der gebotenen Skepsis gelesen, doch nicht vorurteilsschnell abgetan werden sollte. Das seltsame Geschehen, das ich hier wiedergeben will, ereignete sich an der sowjetisch-chinesischen Grenze sowie ein wenig nördlich von Wladiwostok, über dem Küstengebirge Sichote-Alin am Japanischen Meer.

Dix Lester behauptete in der amerikanischen Zeitschrift „Saga", Tonbänder des Japaners Kasi-Ku, eines Operateurs der japanischen Ham-Radio-Empfangsstation, gehört zu haben, worauf die letzten Worte eines sowjetischen MIG-Piloten aufgezeichnet sind, dessen Flugzeug von einem UFO angegriffen und offenbar vernichtet worden ist.

Es war im Februar 1970, als der japanische Funker auf den Kanälen, die ständig von der Militärluftfahrt benutzt werden, einen denkwürdigen „Bericht" des sowjetischen Düsenjäger-Piloten auffing.
„Habe Sichtkontakt mit fliegender Scheibe", meldete der Flieger mit ruhiger Stimme. „Es handelt sich um ein großes rundes Fahrzeug mit länglichen Luken, bläulich glühend."
Als das UFO näher und näher kam, ging der MIG-Pilot offenbar in Verteidigungsposition. „Raketen abgefeuert", vernahm der Funker in der japanischen Empfangsstation. „Nichts!" Und weiter. „Raketen explodieren 600 Meter vom Flugzeug entfernt!" Kuzes Knacken im Kanal, dann die ungläubige Stimme des sowjetischen Fliegers in panischer Angst. „Es ... hat ... im ... rechten ... Winkel ... gewendet ... Auf Kollesionskurs! ... Keine Zeit zu ..."

Es waren die letzten Worte aus dem Lautsprecher der japanischen Ham-Radio-Empfangsstation, die Kasi-Ku zu hören bekam.

Dix Lester sieht in diesem mysteriösen Unglücksfall nur eine Bestätigung für ähnliche kriegerische Übergriffe unbekannter Flugobjekte, denen schon früher mehr als fünfzehn US-Air-Force- und Marine-Piloten zum Opfer gefallen sein sollen. Der Berichterstatter beruft sich außerdem auf namentlich ungenannte Experten, die die Meinung vertreten, auch die Sowjetunion hätte bei der vergeblichen Verfolgung von UFOs zahlreiche Piloten und Flugzeuge verloren.

Die „Wladiwostok-Affäre", wie Lester den Vorfall nennt, sei aber nur der Anfang einer UFO-Invasion über Sibirien und der asiatischen Sowjetunion gewesen. Im März 1970 soll auf der Insel Sachalin, nördlich von Japan, Panik ausgebrochen sein, als die Untertassen Nacht für Nacht in großen Formationen über dem Gebiet zu beobachetn waren. In Nordjapan kursierten die unglaublichsten Gerüchte von der Landung fliegender Untertassen in abgelegenen Gebieten der Sowjetinsel. Demnach wurden nicht nur Haustiere, sondern sogar Menschen entführt.

Dix Lester zitiert die Angaben einer Gruppe russischer Seeleute, die Sowjetunion habe schließlich eine große Anzahl Flugzeuge sowie Militär auf die Insel entsandt, um den UFO-Ansturm abzuschlagen.

„Die fliegenden Untertassen versuchen, Sachalin in ihre Gewalt zu bekommen", soll, laut Lester, ein Seemann geäußert haben. Niemand wisse, wie man sich ihnen gegenüber verhalten solle. „Sobald man auf sie schießt, verschwinden sie." Den zweiten Abschnitt seines kuriosen Berichts widmet Dix Lester den Geschehnissen entlang der Grenze zwischen Sibirien und China, Tausende Kilometer westwärts von dem vorhin genannten Gebiet. Auch dort soll es Zusammenstöße mit den seltsamen Flugobjekten gegeben haben. Demnach wurden Dörfer auf beiden Seiten der Grenze von UFOs angegriffen. Dix Lester beruft sich auf den Bericht des französischen Reporters Pierre Gardin, der diese unglaublich klingende Story von nach Hongkong geflüchteten Chinesen gehört haben will. Gleichzeitig sammelte Lester auch Informationen europäischer Korrespondenten in Moskau, deren Mitteilungen sich — laut unserem Berichterstatter — zu einem „erstaunlichen Bild" zusammengefügt hätten.

Beruhen Lesters Recherchen auf Wahrheit, dann wurde Asien von einer regelrechten UFO-Welle heimgesucht, wobei sich das Operationsgebiet der fliegenden Scheiben vor allem entlang der sowjetisch-chinesischen Grenze erstreckte, die bekanntlich nur dünn besiedelt ist.

Gardin übermittelte Dix Lester die wörtliche Wiedergabe eines Augenzeugenberichtes. „Eine von ihnen sah ich mit eigenen Augen", schilderte der China-Flüchtling. „Ich war im Gebirge Großer Chingan, wir hatten viele Schafe verloren. Eines Nachts erschienen sechs rote Kugeln am Himmel. Eine von ihnen landete auf einer Ebene, etwa einen Kilometer von mir entfernt." Mächtige Lichtstrahlen seien von der Flugmaschine ausgegangen, berichtete der Chinese beeindruckt, alles sei taghell erleuchtet gewesen. Auch die UFO-Besatzung will er gesehen haben: „Sie sahen wie sowjetische Kosmonauten aus, trugen ebensolche Raumanzüge wie auf den Bildern, die ich gesehen habe." Gerade das Gegenteil hätten, laut Lester, sowjetische Beobachter angegeben. Auch sie behaupteten, die UFO-Besatzung erkannt zu haben, da sie ihrer aus nur wenigen Metern Entfernung ansichtig wurden. „Sie sahen genauso aus wie Chinesen, waren von kleinem Wuchs und hatten orientalische Gesichtszüge."

Diese kriegerischen Konfrontationen sollen Mitte April 1970 fast zu einem Krieg zwischen China und der Sowjetunion geführt haben. Tatsächlich ereigneten sich zu diesem Zeitpunkt mehrere ernstzunehmende Grenzzwischenfälle in Asien. Lester beruft sich auf die sowjetische Nachrichtenagentur TASS, die von sich häufenden Grenzverletzungen der Chinesen berichtete. Am 24. April 1970 schien die „Toleranzgrenze" zwischen den beiden Großmächten endgültig überschritten zu sein: Ein sowjetischer Überschallbomber, mit einem „Geheimauftrag" zwischen Moskau und Wladiwostok unterwegs, verschwand spurlos über sibirischem Gebiet. Mehr als 200 Flugzeuge überflogen die betreffende Gegend, aus der die letzte Meldung des Bomber-Piloten vernommen worden war. „Wir sind hier oben nicht allein", gaben einige Sucher auf dem Funkwege zu verstehen. „Über uns befinden sich Luftschiffe, mindestens fünfundzwanzig, vielleicht sogar mehr." Dix Lester zitiert auch die Angaben eines Piloten, der die UFOs folgendermaßen beschrieb: „Sie sind groß, die größten Dinger, die ich je gesehen habe. Aber sie sind zu hoch, wir können nicht nahe herankommen."

Noch am selben Nachmittag habe man in Krasnojarsk unverzüglich Sowjet-Streitkräfte in Stellung gebracht, denn über der Stadt seien plötzlich ganze Formationen jener UFOs zu sehen gewesen. Sie operierten völlig lautlos, schildert unser Berichterstatter. Von verschiedenen entlang der mongolischen Grenze stationierten Geschützen wurden Flugabwehrraketen abgefeuert, als „Hunderte leuchtende Scheiben" über den Himmel rasten.

Sowjetische Geheimdienstoffiziere hatten inzwischen begonnen, auf Grund der zahlreichen Berichte Vermessungen vorzunehmen. Man hatte vor, auf diese Weise den möglichen Ursprungsort der Objekte — die UFO-Startbase — haargenau festzustellen, berichtet Dix Lester weiter.

Als man endlich sämtliche vorhandenen Fluglinien der mysteriösen Invasoren auf den Karten registiert hatte, kristallisierte sich die Heimstätte der Flugscheiben deutlich heraus. Alle Linien liefen auf einem Punkt, 1600 Kilometer nordöstlich von Ulan Bator, zusammen. Dieses Gebiet liegt in der Mongolei und befindet sich nahe der sowjetisch-chinesischen Grenze.

Moskauer Korrespondenten registrierten es mit Aufmerksamkeit: Am 26. April 1970 waren sämtliche sowjetischen Streitkräfte in Alarmzustand versetzt. Panzer und Kanonen wurden unentwegt per Eisenbahn ostwärts nach Sibirien transportiert. Die Hauptstraßen nach dem Osten waren voll von riesigen Lkw-Kolonnen; drei Divisionen wurden an neue Standorte im betroffenen Gebiet beordert. Besonders neugierigen Reportern erzählten die sowjetischen Beamten treuherzig, man sei unterwegs zu den Frühjahrsmanövern. Sowjetische Aufklärungsflugzeuge überflogen inzwischen unaufhörlich die chinesische Grenze und photographierten jeden Quadratmeter des Sektors nordöstlich von Ulan.

„Die UFO-Aktivität war intensiver als jemals zuvor in der Geschichte", schreibt Dix Lester. Ein britischer Korrespondent will eines dieser „riesigen Luftschiffe" dicht vor Moskau gesehen haben. Der bis ins Detail gehende Bericht des Briten, den er seiner Zeitung durchzukabeln versuchte, soll jedoch von den sowjetischen Zensoren unterdrückt worden sein.

Auf den Startbahnen der Insel Sachalin waren sowjetische Maschinen fast stündlich unterwegs, um den unbekannten Flugobjekten, die am Himmel umhergeisterten, nachzujagen. Am 24. April überschlugen sich die Meldungen, die von Dutzenden UFO-Landungen im Inselbereich zu erzählen wußten. Dix Lester berichtet, in vielen Gebieten auf Sachalin seien Telephon- und Rundfunkverbindungen unerklärlicherweise unterbrochen gewesen. Es gibt sogar ein Gerücht, demzufolge ein komplettes Dorf mit 600 Einwohnern über Nacht von UFO-Besatzern gekidnappt und anschließend verschleppt worden sei. Die Krisensituation im sowjetisch-chinesischen Grenzabschnitt trieb ihrem Höhepunkt entgegen. Am 27. April 1970 sahen tausende Bauern eine gewaltige Flotte von Bombern und Jagdmaschinen über Sibirien fliegen, in einer Stärke, wie dies seit dem Zweiten Weltkrieg nicht mehr beobachtet worden war.

Das von den Aufklärungsflugzeugen ausgekundschaftete Zielgebiet lag nördlich von Ulan Bator. Dix Lester beruft sich in seinem Report auf Informationen britischer Korrespondenten in Moskau. In jener Nacht zum 28. April sei der Himmel über Ulan Bator von einer unheimlichen Färbung gewesen. Viele Bewohner waren fest davon überzeugt, im Zielgebiet der Flugzeuge habe ein Atomtest stattgefunden. Es gab jedoch keinerlei Anzeichen für den tatsächlichen Einsatz von Atombomben.

Weder in der sowjetischen noch in der chinesischen Presse wurde das spektakuläre Ereignis im Grenzgebiet beider Staaten mit irgendeiner Andeutung erwähnt. Man begnügte sich da und dort damit, grimmige Erklärungen über einen „Grenzzwischenfall" abzugeben.

In Hongkong wurde ein paar Tage später über den Rundfunk ein kurzer, wenig aufschlußreicher Bericht veröffentlicht, in dem es hieß, bei dem jüngsten Grenzkonflikt seien Hunderte von Mongolen und Chinesen ums Leben gekommen. Ein sowjetisches Bombergeschwader habe eine geheime chinesische Basis nahe der sibirischen Grenze angegriffen und Atombomben abgeworfen.

Dix Lester will auch mit Angehörigen einer Gruppe höherer Schüler aus der DDR gesprochen haben, die sich zur Zeit der Bombenangriffe auf einer Reise durch die Mongolei befanden. Die Sowjetunion, wurde ihm von den jungen Leuten berichtet, habe hiebei eine geheime UFO-Basis vernichtet, die aus kilometerlangen unterirdischen Tunnels und Dutzenden pyramidenähnlichen Bauten im Norden der Mongolei bestanden habe.

Hat die UdSSR im Früjahr 1970 tatsächlich einen „Krieg der Welten" geführt und gewonnen? Jedenfalls soll nach dem Bombardement die UFO-Welle gänzlich verebbt sein. Soweit Dix Lester.

Ob seine Story auf Wahrheit beruht? Manches daran stimmt bedenklich. Etwa die Unruhen an der sowjetisch-chinesischen Grenze, die auch in der westlichen Welt mit Besorgnis wahrgenommen wurden. Lesters phantastischer Bericht lebt größtenteils von Gerüchten. Doch wie es bei Gerüchten ist, wenn sich mehrere davon summieren, wirkt die Mixtur ein bißchen verwirrend. Sie gänzlich abzulehnen, wäre aber ebenfalls übereilt.

IX. UFOS ÜBER CHINA

Fliegende Schiffe und Feuerdrachen zur Zeit des
Dschingis Khan — Woher kommen die „Untertassen"?
— Handelt es sich um Halluzinationen, außerirdische
Raumfahrzeuge oder Geheimwaffen? — Vom Einmal-
eins der Flugtechnik verstanden die alten Chinesen
eine ganze Menge — Ihr prähistorisches Vokabel „fei
chi" heißt wörtlich übersetzt „Fliegender Karren" —
Nur „vollkommene Menschen", die sich die Lehre des
Tao zu eigen gemacht hatten, durften damals eine
Flugmaschine besitzen — „Sie flogen durch die Wol-
ken, waren imstande, viele Welten zu besuchen . . ."

IX

Es ist nun nicht so, daß es innerhalb der chinesischen Grenzen noch niemals zuvor UFO-Alarm gegeben hat. Derartige Beobachtungen wurden schon öfter gemacht, wenngleich sie nicht annähernd so spektakulär über die Bühne gegangen sind, wie das zuvor Berichtete.

Schon zu Zeiten des mongolischen Eroberers Dschingis Khan, der im 13. Jahrhundert die Yüan-Dynastie in China etablierte, aber auch noch ein Jahrhundert später, finden wir in alten chinesischen Schriften aus dieser Zeit Aufzeichnungen über fliegende Schiffe und feuerspeiende Drachen, die häufig am Himmel kreuzten. Küstenbewohner bestaunten am 2. Dezember 1845 flammende Lichter, weit draußen auf der See von Ryook Phyoo. Ihre Identität blieb ungeklärt.

Am 12. August 1910 fuhr der holländische Dampfer „Valentijn" durch chinesische Gewässer. Da machte die Mannschaft eine aufregende Beobachtung. Der Funker kabelte: „Sahen ungewöhnliches Phänomen. Vor uns auf der Wasseroberfläche erschien ein waagrecht liegendes, glühendes Rad, das sich in raschen Drehbewegungen knapp oberhalb des Wassers bewegte und in rasendem Tempo verschwand."

Im Jahr 1926 wurde der bekannte Forschungsreisende, Professor Nicolas Roerich, während einer China-Expedition mit einem UFO konfrontiert. Auf dem Weg zum Karakorum-Gebirge sah Roerich plötzlich ein seltsames Objekt am Himmel dahinjagen. Es war Morgen und ein strahlender Sonnentag, die Sicht war ungetrübt. Neugierig beobachteten Prof. Roerich und die übrigen

Expeditionsteilnehmer mit ihren starken Ferngläsern die ungewöhnliche Erscheinung. Es handelte sich um eine leuchtende Scheibe, die unvermittelt den Kurs wechselte und mit rasender Geschwindigkeit aus dem Gesichtsfeld der Männer entschwand. Im Jahr 1926, das sei hier eingefügt, gab es auf der Welt noch kein Flugzeug, das imstande gewesen wäre, Zentralasien zu überfliegen. Seit dem ersten Flug der Brüder Wright (1903) waren ja erst 23 Jahre vergangen. Woher also kam diese „Untertasse"?

Drei Möglichkeiten bieten sich an. Die erste: Bei dem UFO handelte es sich um eine Halluzination. Die zweite: Es war ein Raumschiff von einem anderen Planeten, das unsere Erde erkundete. Schließlich Möglichkeit Nummer drei: Bei dem Fluggerät handelte es sich um eine Geheimwaffe.
Es ist Ermessenssache, für welche der hier angeführten Versionen man sich entscheiden will.

Ich persönlich glaube nicht an eine Halluzination, denn im Jahr 1926 gab es auf der Welt noch keine UFO-Psychose. Und einem Forscher vom Rang eines Professor Roerich sowie seinem übrigen Expeditionsteam darf man — so meine ich — genügend Urteilsvermögen zutrauen, eine Sichtung als das einzustufen, was sie tatsächlich gewesen ist. Roerich und seine Männer sahen eben nicht mehr aber auch nicht weniger als eine fliegende Scheibe.

An ein außerirdisches Raumschiff vermag ich dennoch nicht zu glauben. Nicht etwa, weil mir eine solche Möglichkeit absurd erscheint, sondern einfach deshalb, weil es ziemlich unwahrscheinlich sein dürfte, daß erdfremde Lebewesen Tausende Jahre (frühere Beobachtungen von fliegenden Untertassen miteingerechnet) nichts anderes im Sinn haben sollten, als unseren Planeten mit ihren Raumfahrzeugen zu umschwirren, ohne sonst eine wesentliche Aktion zu setzen.
Bei solchen Überlegungen schließe ich allerdings sogenannte „Kontakte" mit Venusiern oder Marsianern bewußt aus, wie sie etwa ein George Adamski gehabt haben will.

Vielmehr erscheint mir die dritte Möglichkeit plausibel, daß jene UFOs, die uns schon so lange Zeit über ihre Identität rätseln lassen, „Geheimwaffen" der Chinesen darstellen. Daß die UFOs so oft über wichtigen Militärbasen der USA und der Sowjetunion gesichtet wurden, wäre dann kein Zufall. Besser als alle Satelliten der beiden Supermächte wären fliegende Scheiben für solche Einsätze geeignet, deren Antrieb bisher nicht nachgebaut werden konnte.

Natürlich erhebt sich die Frage: Woher wurde dieses Wissen den Chinesen zugänglich, sollten sie tatsächlich die UFOs konstruiert und gestartet haben? Diese Frage scheint sich in der mythischen Geschichte des Gelben Reiches zu beantworten. Darin ist viele Male von sogenannten fliegenden Wagen die Rede. Erinnern wir uns doch zum Beispiel an die Luftfahrt der sagenhaften Chi-Kung, die rund 2000 Jahre v. Chr. dem Kaiser (Cheng) Tang auf ihrem praktischen Verkehrsmittel eine Art Anstandsbesuch machten, der zehn Jahre gedauert haben soll. Dann kehrten die Abgesandten dieses geheimnisvollen Volkes wieder in ihre Heimat, irgendwo in China, zurück. „40 000 Li jenseits des Jadetores", wie die Legende berichtet. Genauere geographische Angaben sind uns nicht übermittelt.

Die phantastische Erfindung seiner Gäste ließ Kaiser Cheng Tang nicht ruhen. Vielleicht war es ihm auf irgendeine Weise gelungen, sich den Konstruktionsplan anzueignen, oder er war ihm verraten worden. Jedenfalls befahl Cheng Tang seinem Hofingenieur Ki Kung Shi, einen gleichwertigen Flugwagen zu bauen. Dieser kam der Anordnung sogleich nach, und es gelang ihm tatsächlich, eine solche Maschine herzustellen. Ki Kung Shi soll damit, erzählt die Legende, bis in die Provinz Honan geflogen sein. Später sei das Gefährt auf kaiserlichen Befehl vernichtet worden, um das Geheimnis seiner Konstruktion zu wahren.

Kaiser Cheng Tang war aber nicht der einzige Herrscher, der sich des stolzen Besitzes eines fliegenden Wagens rühmen konnte. Ein paar hundert Jahre vorher regierte Kaiser Chuen über das chinesische Reich, und auch er betätigte sich als Konstrukteur und Erbauer einer Flugmaschine. Schenkt man den Sagen, die über diesen „Himmelssohn" berichten, Glauben, dann war Chuen nicht nur Pilot, sondern auch Chinas erster Fallschirmspringer.

Der Dichter Cho Yüan (er lebte von 340 bis 278 v. Chr.) beschreibt in seinem Werk „Li Sao" eine Flugreise, die er selbst erlebt haben will. So sei er eines Tages vor dem Grabmal des Kaisers Chuen gekniet, als plötzlich ein Jagdwagen durch die Luft geflogen kam, der von vier Drachen gezogen wurde. Er sei eingestiegen und mit dem Luftfahrzeug hoch über China in die Richtung des K'un-lun-Gebirges geflogen. „Bei diesem Flug sah ich unter mir das Land", beschreibt der Dichter sein seltsames Erlebnis, „und ich sah die Wüste Gobi, doch kein Wind und kein Staub belästigten mich."

Aus der Erzählung geht nicht hervor, ob Chu Yüan mit dem Steuermechanismus vertraut gewesen ist, jedenfalls landete er mit seinem Luftfahrzeug ohne Schwierigkeiten.

Andrew Tomas meint in seinem Buch „Das Geheimnis der Atlaniden", es gäbe einen indirekten Beweis für die Theorie, daß die Flugtechnik im alten China nicht unbekannt gewesen sei: Das Vokabel „fei chi", es heißt wörtlich übersetzt „Fliegender Karren", ist ein uralter Ausdruck und wurde von den Chinesen am Anfang unseres Jahrhunderts sofort als Ausdruck für „Flugzeug" verwendet. Im Gegensatz zu anderen Völkern, die für diese neuzeitliche Erfindung erst ein neues Wort prägen mußten, schreibt der Autor.

Wer die chinesischen Sagen aufmerksam studiert, wird viele direkte und indirekte Hinweise darin finden, die auf die einstmals tatsächliche Existenz solcher fliegender Wagen hindeuten. Auf einem Grab in der Provinz Shantung ist heute noch eine geritzte Steinzeichnung aus dem Jahr 147 v. Chr. erhalten, auf der ein Drachenwagen dargestellt ist, der durch die Wolken fliegt. Restbestände uralten Wissens dürften auch noch zu Beginn des 4. Jahrhunderts vorhanden gewesen sein, zitiert doch Andrew Tomas die Worte Ko-Hung's, die sich offensichtlich auf den Bau eines historischen „Hubschraubers" beziehen: „Einige baben Flugwagen mit Holz aus dem inneren Teil des Jujubaums gebaut, wobei sie Riemen aus Ochsenleder, die an den rotierenden Propellerflügeln befestigt wurden, benutzten, um die Maschine in Gang zu setzen."

Überlieferten Texten zufolge waren die prähistorischen Flugmaschinen kein Allgemeingut. Sie waren ausschließlich den Kaisern und den taoistischen Gelehrten, also Priestern, vorbehalten. Nach der taoistischen Lehre war es den chen-yen (was soviel heißt wie „vollkommene Menschen") möglich, auf den Flügeln des Windes die Lüfte zu durchqueren. Sie flogen durch die Wolken, waren imstande, viele Welten zu besuchen „und lebten mitten unter den Sternen".
Der berühmte (alt-)chinesische Arzt Ma Tse Yan soll sogar lebendig in den Himmel aufgefahren sein, nachdem er sich die Lehre des Tao vollkommen zu eigen gemacht hatte.

X. ZEIT DER WUNDER

Science-Fiction-Autor im alten China — Tzu-yu, der
Astronaut mit dem „magischen Bogen" — Tod und
Verderben durch neun falsche „Sonnen" — Ist der
CIA im Besitz eines sensationellen Dokumentes? —
Atomexplosion im Jahre 1910 — Pou Chao-fi machte
einen Rechenfehler — Berühmtester chinesischer Alchemist beschrieb „fürchterliches Feuer vom Himmel,
das durch Sprengung der Atome von Metallen entstehen kann" — Woher stammt der glasartige Sand
beim Lob Nur-See in der Wüste Gobi? — Furchtbare
Wunderwaffen, genauestens beschrieben — Man
kämpfte mit Rauchschirmen, Giftgas und Lichtstrahlen — Raumschiffreisen im Winterschlaf? — Chinas
„Drachen" waren künstlich — „Uralte Dokumente bezeugen, daß China in weit zurückliegender Vergangenheit 18 000 Jahre lang von einem Geschlecht göttlicher
Herrscher regiert wurde".

X

Im dritten Jahrhundert vor Christus veröffentlichte der große chinesische Denker und Dichter Chuang Tzu sein spekulatives Buch „Reise in die Unendlichkeit". Es war eine von vielen damals geschriebenen Science-Fiction-Stories, die von Reisen in die Vergangenheit, von Besuchen auf geheimnisvollen Welten und von den Wundern und der Pracht ferner, fremder Gegenden berichteten.

Chuang Tzu schilderte in seiner Erzählung in Ich-Form einen Flug auf dem Rücken eines marchenhatten, riesigen Vogels 52 300 Kilometer weit in den Weltraum hinaus. Man fragt sich augenblicklich: Was mag wohl den Dichter zu derartigen Überlegungen veranlaßt haben? Entnahm Chuang Tzu das Inhaltsgerippe seiner Geschichte uralten Textfragmenten?

Kaum weniger undurchsichtig ist die Erzählung von den „zehn Sonnen", die während der Regierungszeit des Kaisers Yao (Chou-Dynastie) am Himmel erschienen, mit ungeheurer Hitze das Erdreich verbrannten, die Ernte vernichteten und Sturmfluten auslösten, so daß viele Menschen ums Leben kamen. Der chinesische Herrscher fragte Priester und Gelehrte um Rat, niemand aber konnte ihm helfen. Da besann er sich auf einen geheimnisvollen Mann namens Chih Chiang Tzu-yu. Der Fremde hatte die Fähigkeit zu fliegen und ernährte sich ausschließlich von Blumen. Mit einem magischen Bogen bewaffnet, bestieg Tzu-yu einen „Himmelsvogel" (so berichten die Annalen), der ihn „mitten in den unendlichen Horizont" trug. „Von dort aus war er nicht mehr imstande, den Lauf der Sonne zu verfolgen." Schon allein die hier genannten Textstellen weisen frappierende Parallelen zu herkömmlichen Weltraumflügen auf. So etwa die Angabe, Tzu-yu habe sich ausschließlich von „Blumen" ernährt. Heute wissen wir, daß man in den Raumfahrtzentralen der USA und der Sowjetunion ernsthaft daran arbeitet, die Ernährungsfrage für künftige Flüge der Astronauten zu weit entfernten Planeten zu lösen. Dies soll mit Hilfe von eßbaren Algenkulturen geschehen. „Blumen" also, wenn man so will, wie sie dem prähistorischen Raumfahrer Chih Chiang Tzu-yu bereits als Nahrung dienten.

Interessant ist auch der Hinweis, Tzu-yu habe sich mit seinem nicht näher beschriebenen Flugapparat „mitten in den unendlichen Horizont" begeben, von wo es ihm unmöglich gewesen wäre, die Sonnenbahn auch weiterhin zu verfolgen. Klingt das nicht, als hätte der Ur-Astronaut eine längere Raumschiffreise unternommen, die ihn weit hinaus in den Kosmos führte? Auch den Raumfahrpionieren der Jetztzeit war es während ihres Fluges Richtung Mond unmöglich, Sonnenaufgang oder -untergang zu beobachten. Doch die Legende Tzu-yu's ist noch nicht zu Ende. Nachdem der prähistorische Luftheld mit seinem Raumfahrzeug zu seinen Gegnern aufgestiegen war, gelang es ihm (laut Sage) neun der zehn Sonnen zu vernichten. Mit Hilfe seiner magischen Waffe.

Die Annahme, irgend jemand sei imstande, neun Sonnen mit magischen Geräten abzuschießen, entlockt uns ein müdes Lächeln. Abgesehen davon, daß sich wohl auch zu Zeiten des Kaisers Yao unsere liebe Sonne kaum verzehnfacht haben dürfte, ist der Gedanke einfach abwegig, ein derartiges Riesengestirn (und das noch in zehnfacher Ausfertigung) mit Pfeil und Bogen (seien beide auch „magisch") auszulöschen. Dennoch fragt man sich unwillkürlich, welch wahrer Grundgehalt dieser Legende zugrunde liegt. Was war damals imstande, Chinas Erdreich verdorren, seine Meere kochen und seine Bewohner sterben zu lassen?

Da ist einmal die Beschreibung von den neun „falschen" Sonnen. Gegen sie — und nicht gegen die „echte" — zieht Tzu-yu ins Feld. Erinnern wir uns doch: „Heller als tausend Sonnen" nennt Robert Jungk in seinem gleichnamigen Buch die Explosion der

Wasserstoffbombe, doch schon weit früher — in den Sanskrit-Texten des alten Indien — lesen wir folgende Beschreibung:
„Cukra ... schleudert den Donner von allen Seiten auf die dreifache Stadt. Er schleudert sein Geschoß, das die Energie des Weltalls in sich barg, auf die drei Teile der Stadt ... diese fing an zu brennen ... Qualm, gleich zehntausend Sonnen, loderte grell in die Höhe ...“
Diese grauenhaften Folgen werden der sogenannten Brahma-Waffe zugeschrieben. Nach ihrem Einsatz revoltierten die Elemente: „... Heftige Stürme fingen an zu toben; es regnete in Strömen. Donnerrollen wurde hörbar, obwohl der Himmel völlig wolkenlos war. Die Erde bebte. Die Gewässer schwollen mächtig an. Berggipfel teilten sich. Finsternis setzte ein ...“
Auch in der chinesischen Version begegnen wir dem gleichen Effekt. Handelte es sich dabei um neun gleichzeitig ausgelöste Kernexplosionen? War ein nicht näher genannter Feind darauf aus, die Macht des Kaisers Yao zu brechen?

Sind unsere Vermutungen richtig, dann waren es natürlich nicht neun „Sonnen“, die von Tzu-yu vernichtet wurden. Vielmehr fielen neun feindliche Flugobjekte der magischen Waffe des Raumfahrers zum Opfer. Wahrscheinlich kam es dabei, ähnlich wie 1908 beim Absturz des Tundra-„Meteors“, zu einer Explosion der Triebwerke. Wen wundert es bei solch durchschlagendem Erfolg, daß der Kaiser seinem Helfer und Retter den Titel „Göttlicher Bogenschütze“ zuerkannte. Tzu-yu avancierte zum kaiserlichen „Chefmechaniker“. Der Luftheld blieb aber nicht allzu lange in kaiserlichen Diensten. Eines Tages bestieg er wieder seinen „Himmelsvogel“ und flog damit zum Mond.

Doch so glatt für Tzu-yu im Kampf gegen die Feinde alles verlaufen war, privat hatte er einige Schwierigkeiten. Schuld daran war seine Gattin Heng-o. Während Tzu-yu dem Kaiser zu Diensten war, stahl Heng-o ihrem Mann die Pille der Unsterblichkeit, die er einstens von Hsi Wang Mu, der Herrscherin des Westlichen Paradieses, in einem Tal des Kun-lun-Gebirges bekommen hatte. Heng-o flog mit ihrer Beute ebenfalls zum Mond. Der Erdtrabant wird in dieser Legende überraschend treffend beschrieben: „Hell" und „klar" aber „eiskalt". Heng-o zeigte sich in der Folge als wenig treue Gattin, verweigerte ihrem Gemahl die Herausgabe seines Eigentums und ließ Tzu-yu schließlich resignieren. Laut Sage soll er mit seinem Raumschiff zur Sonne geflogen sein, wo er sich einen herrlichen Palast erbaute und niemals mehr blicken ließ. Diese Legende ist wieder ein Beispiel von der willkürlich vorgenommenen Verquickung von Wahrheit und Dichtung. Es ist vornehme Aufgabe des seriösen Mythenforschers, auch hier die Spreu vom Weizen zu trennen.

Vielleicht aber wird diesen Idealisten schon bald Hillfe von einer Seite zuteil, von der sie es am allerwenigsten erwartet hätten: vom amerikanischen Geheimdienst! Mao-feindliche chinesische Agenten sollen nämlich dem CIA Dokumente sensationellen Inhalts in die Hände gespielt haben, die aus Rotchina hinausgeschmuggelt worden sind.
Wenn diese Aufzeichnungen ihre Richtigkeit haben und sich nicht noch nachträglich als „Papiertiger" erweisen, dann wären sie ein augenscheinlicher Beweis dafür, daß schon die alten Chinesen über die Sprengkraft der Kernspaltung im Bilde waren.

Am 8. Juli 1910, so wird berichtet, soll Pou Chao-fi, einer der bedeutendsten chinesischen Alchemisten aller Zeiten, ein schwerwiegender Berechnungsfehler unterlaufen sein. Pou Chao-fi experimentierte an jenem Tag in einer abseits liegenden Pagode am Rande der chinesischen Mongolei mit verschiedenen alchemistischen „Zutaten". Sein rechnerischer Irrtum führte zur Katastrophe. Es kam zu einer gewaltigen Explosion, deren Knall sogar von Bewohnern 600 Kilometer entfernter Ortschaften vernommen werden konnte.

Über die Sache wuchs dennoch Gras, und erst 40 Jahre später, im Jahr 1950, befaßten sich Spezialisten der chinesischen Volksarmee mit dem mysteriösen Geschehen in jener Pagode. Von der Pagode fand sich natürlich kein Teilchen mehr, dafür aber im Umkreis ihres einstmaligen Standortes typische Merkmale einer Atomexplosion: Verkalkte Bäume, verglaster Boden und das Fehlen jeglichen Lebens.

Ein paar Jahre später wurde ein weiteres Indiz für die Vermutung entdeckt, die heftige Detonation von anno dazumal sei auf atomare Ursachen zurückzuführen. In einer Pekinger Bibliothek fand sich nämlich ein Heft mit Aufzeichnungen aus der Feder des bei der mysteriösen Explosion ums Leben gekommenen Pou Chaofi. Darin beschrieb der Alchemist ein „fürchterliches Feuer vom Himmel, das durch Sprengung der Atome von Metallen entstehen kann". Auf der Suche nach der Formel, wie man Materie verwandeln könne, dürfte der chinesische Alchemist die falschen Zutaten erwischt haben — und wurde in Atome zerstäubt. Zur Zeit sind die Geheimdienstler der CIA angeblich dabei, das 114 Seiten starke Dokument aus Rotchina auf seine Echtheit zu prüfen. Und wenn es tatsächlich keine Fälschung ist — wird man dann die Öffentlichkeit darüber offiziell informieren?

Atomare Spuren sind übrigens in China nicht selten. Andrew Tomas geht darauf ein. Die Oberfläche der Wüste Gobi in der Nähe des Lob Nor-Sees sei mit glasartigem Sand bedeckt — eine logische Folge der Atomversuche, die in der Volksrepublik bisher durchgeführt worden sind, meint der Autor, „... aber in dieser Wüste gibt es bestimmte Gebiete mit ganz ähnlichem glasigen Sand, der schon seit Jahrtausenden von Jahren dort liegt, lange vor der Zeit des Vorsitzenden Mao! Woher kam die Hitze, die den Sand in vorgeschichltiger Zeit zum Schmelzen brachte? ..."

Diese Frage scheinen die chinesischen Legenden eindeutig zu beantworten. Darin wimmelt es nur so von technologischen Geräten, „magischen" Waffen und seltsamen Himmelsschiffen. Der britische Gelehrte und Schriftsteller W. Raymond Drake hat sich sehr eingehend mit der chinesischen Mythologie beschäftigt und die damaligen Wunderwaffen gleichsam katalogisiert. Da gab es ein sogenanntes „Himmel- und Erde-Armband" von grauenhafter Wirkung. Es war im Besitz des Helden No-cha, der damit versuchte, seinen Gegner Feng-lin zu besiegen. Dieser wiederum sah sein Heil in der Flucht, und er verbarg sich hinter einem schützenden „Rauchschirm". No-cha gelang es im späteren Verlauf der Erzählung, seinen Feind Chang-kuei-feng mit Hilfe eines

„Wind-Feuer-Rades" zu vernichten. Dies schaffte er nicht zuletzt deswegen, weil er durch ein gewaltiges Heer von „silbernen Flug-Drachen" in seinem Vorhaben unterstützt worden war. Bei den Kämpfen im Himmelsraum operierten die Streiter mit Waffen, wie sie uns in Science-Fiction-Romanen begegnen: „Glänzende Lichtstrahlen", „vergiftete Gase", „kugelförmiges Feuer", „Blitzspieße" und Bomben (die als „Donnerschläge" bezeichnet wurden). Im Schutz von himmlischen „Regenschirmen" warf man biologische Waffen (offensichtlich Mikroben) auf den verhaßten Gegner herab.

Wurde der Feind einmal gar zu übermächtig, versteckte man sich hinter „Schleiern der Unsichtbarkeit". Den alten Chinesen standen sogar (glaubt man den Texten) Radargeräte zur Verfügung, denn wie anders soll man jene Berichte deuten, wonach man damals in der Lage war, Objekte über Hunderte von Meilen akustisch und optisch wahrzunehmen?

In den Legenden begegnet uns auch immer wieder die Beteuerung, die Alten jener Zeit hätten Pillen der Unsterblichkeit und immerwährenden Jugend besessen. Andere Drogen sollen dazu benutzt worden sein, um Raumschiffreisende in eine Art Winterschlaf zu versetzen. Der Körper verharrte während der Reisedauer im scheintoten Zustand.

So verwundert es uns gar nicht, wenn wir in den alten Schriften der chinesischen Alchemisten lesen, einstmals habe man Reisen zu anderen Sternen unternommen. Es habe sogar „Pillen" zur Überwindung der Gravitation gegeben.

Im Verlauf der Schilderung vielfältiger Fluggeräte im alten China, stoßen wir immer wieder auf ein „Nationalemblem", das auch im roten China Maos seine Gültigkeit behalten hat: Die Darstellung des Drachen. Wie sonst bei keinem anderen Volk dieser Erde, wurde bei den Chinesen der Drache zum Sinnbild der Zivilisation. In den ältesten Mythen findet sich der verklausulierte Hinweis, die chinesischen Vorfahren seien in grauer Vorzeit mit „himmlischen Drachen" auf die Erde gekommen und hätten sie von Asien aus besiedelt. Merkwürdige Parallelen zu unserer Theorie. In den Mythen findet sich auch der stets wiederkehrende Hinweis, die „Drachenkönige" seien gleichzeitig die Väter der 1. Dynastie gewesen. Es ist kein Geheimnis, daß die chinesische Kunst maßgeblich vom Bildnis des Drachen beeinflußt worden ist.

Natürlich stellt sich die Frage, wer die alten Chinesen ausgerechnet in diese Richtung inspiriert haben soll. Da findet man auf den alten Malereien grausige Ungeheuer im phantastischen Aufputz. Der Leib von Schuppen bedeckt, mit Augen, die Blitze schleudern, und Mäulern, aus denen Flammen züngeln.
In den alten Texten wird davon gesprochen, daß diese Untiere auf den Winden „gen Himmel röhrten" und auch in der Lage waren, bis in die Tiefen des Meeres hinabzustoßen. „Ab und zu", schreibt Drake, „entführten die Drachen auch Mädchen und brachten ihre Opfer dann zu ihren Herren, die in den Wolken wohnten."

All dies weist doch darauf hin, daß es sich bei diesen „Drachen" keineswegs um jene Urzeittiere gehandelt hat, wie sie von den Zoologen als existent betrachtet werden. Ungeheuer dieser Art sind bereits seit Millionen von Jahren restlos ausgestorben. Abgesehen davon wirkt es wenig glaubhaft, daß diese Tiere Blitze schleudern und Feuer speien konnten. Weit mehr ist anzunehmen, daß es sich hier um rein technologische Produkte einer hochentwickelten Zivilisation handelte, offensichtlich im Besitz der „gelben Götter".

Wie zum Beweis berichtet die Legende von den umfassenden Kenntnissen der Drachenkönige, denen Superkräfte zu eigen waren und die sich auch auf Heilmagnetismus und Telepathie verstanden. Die Waffen der Sterblichen konnten ihnen nichts anhaben. Mit ihren fliegenden Wagen — als „Drachen" verkannt — rasten sie himmelwärts, wobei die Erde vom Klang der Antriebsaggregate dröhnte.

„Heilige Menschen und die Herrscher ritten ebenso wie die Götter auf Drachen", berichtet W. Raymond Drake. „Yu, der Gründer der Helden-Dynastie, besaß einen Wagen, der von zwei Drachen gezogen wurde. Imperator Yoan legte Wert darauf, als Sohn des ‚Roten Drachens‘ anerkannt zu werden."

Auch beim Tod des Konfuzius soll dem Vernehmen nach ein fliegender Drache erschienen sein. Sollten alle diese, oft sehr genau geschilderten Begebenheiten, lediglich Darstellungen der Phantasie sein? Unwahrscheinlich! „Hätte dieses fliegende Objekt die chinesischen Sitten, die Religion und das tägliche Leben so grundlegend beeinflussen können, wenn es niemals wirklich existiert hätte?" fragt auch Drake und kommt zu einem Resümee, dem ich vorbehaltlos zustimme: „Die Texte von Altchina erzählen anscheinend in vielfarbiger Unbegreiflichkeit von feurigen fliegenden Drachen, die den Himmel eilig durchstreifen, die ins Meer stoßen (wobei mit ‚Meer‘ vielleicht das dunkelfarbige All gemeint war), von erschreckenden Landmännern, von flammenversengten Befestigungen, von verschrumpften Landschaften, von kidnappenden Leuten oder landenden Raumschiff-Besatzungen."

Trotz dieser so phantastisch anmutenden Beispiele außerirdischer Einflußnahme in die Geschicke des Gelben Reiches, sind die historischen Quellen der Chinesen frei von jeder übertriebenen Mystik. Während etwa in Indien eine personifizierte Sonne stets als „goldener Gott" bezeichnet wurde, haben hier die chinesischen Klassiker Shi-Chi und Han-Shu genau unterschieden: Für sie war jene fehlbezeichnete „Sonne" kein Gott, sondern ein „goldfarbiger himmlischer Mensch". Von seinem Auftreten wird während einer Dauer von 500 Jahren zwischen der Hand- und Tang-Dynastie immer wieder berichtet. Wer war dieser Himmelsmann? Ein Abgesandter der „gelben Götter"?

Diese „gelben Götter" existieren keineswegs nur in unserer Hypothese. W. Raymond Drake schreibt in seinem Buch „Spacemen in the Ancient East": „Uralte Dokumente bezeugen, daß China in weit zurückliegender Vergangenheit 18 000 Jahre lang von einem Geschlecht, ‚göttlicher Herrscher‘ regiert wurde. Diese Tatsache kann auch in der sogenannten ‚Chi-Handschrift‘ nachgelesen werden."

Was also ist noch Spekulation, was beruht auf Tatsachen? Der chinesische Text Huai-nan-tsu beschreibt in seinem 108. Kapitel ein idyllisches Zeitalter: „Damals lebten die Menschen und Tiere in einem Paradies und waren in kosmischem Verstehen miteinander verbunden." Naturkatastrophen waren unbekannt, das Klima angenehm und mild, „die Planeten gerieten nicht aus ihrer Bahn", Verbrechen waren völlig unbekannt. Kurz und gut: Es war geradezu ein Vergnügen, auf diesem Planeten zu leben. Damals herrschte intensiver „Reiseverkehr" zwischen Erde und Weltraum. „Geister", also Außerirdische — oder aber die „gelben Götter" — stiegen oft zu den Menschen herab, um sie die göttliche Weisheit zu lehren.

Die Einwohner von Yünnan haben die Erinnerung an dieses glückliche Zeitalter bis heute wachgehalten. Das Leben währte damals lange, erzählen sie andächtig, und selbst die schwersten Felsen konnten ohne Mühe aufgehoben werden.
In einer chinesischen Zeitschrift aus dem Jahr 1960 wurden die Verse wiedergegeben, wie sie der Stamm der Pai noch heute singt, wenn er in religiösen Feiern jener fernen Zeit gedenkt:

„Einst konnten die Felsen wandeln,
Das ist wahr und keine Lüge.
Damals war Frieden in der ganzen Welt,
Glaubst du, was ich sage?
Damals war Frieden in der ganzen Welt,
Ich glaube, was du sagst.
Damals gab es weder Reiche noch Arme,
Glaubst du, was ich sage?
Damals gab es weder Reiche noch Arme,
Ich glaube, was du sagst.
Damals lebten die Menschen jahrhundertelang,
Glaubst du, was ich sage?
Damals lebten die Menschen jahrhundertelang,
Ich glaube, was du sagst."

Im chinesischen „I-King" wird zum Beispiel die Erfindung des Ackerbaues der „den Menschen von himmlischen Genien gegebenen Unterweisung" zugeschrieben. Wer aber waren diese Genien? Auch die Theosophin Helena Petrowona Blavatsky, kurz H. P. B. genannt und als Medium berühmt geworden, beschäftigt sich in diesem Zusammenhang mit bisher ungelöst gebliebenen Rätseln menschlicher Vergangenheit. In ihrer „Geheimlehre" kommt sie zu dem Schluß:

„... Die frühesten Erfindungen der Menschheit sind die wunderbarsten, die die Rasse jemals gemacht hat ... Der erste Gebrauch des Feuers, und die Entdeckung der Methoden, durch die es entzündet werden kann; die Zähmung der Tiere und vor allem die Vorgänge, durch die die verschiedenen Getreidearten zuerst aus einigen wilden Gräsern entwickelt wurden ... Sie sind alle der Geschichte unbekannt — alle verloren in dem Lichte einer aufblitzenden Dämmerung. Das wird in unserer stolzen Generation bezweifelt und geleugnet werden. Aber wenn behauptet wird, daß es keine auf Erden unbekannten Getreide und Früchte gibt, dann können wir ... daran erinnern, daß der Weizen niemals in wildem Zustande gefunden worden ist; er ist kein Produkt der Erde ..." Wuchs der Weizen früher auf einem anderen Planeten?

XI. DIE FLUGTROMMELN DER SCHAMANEN

Eine methusalemisch-alte Priesterkaste, die heute nicht mehr ernstgenommen wird — Verschüttetes Wissen — Die Herkunft der Schamanen liegt im dunkeln — Konnten auch sie einst fliegen? — Der Schmied war ihnen heilig — Technik war kein Fremdwort — Luftverkehr in Silbertrommeln — Seltsame Ritzzeichnungen — Zylindrische Objekte auf Flachreliefs — Menschen mit „Elefantenrüsseln" — Die „Sieben Himmlischen Könige" von Tibet — Ein Ei aus dem Kosmos — Das Duell der Zauberer.

XI

Bei unserer intensiv vorangetriebenen mythologischen Forschung nach der Existenz vorgeschichtlicher Flugobjekte im prähistorischen China, stoßen wir zwangsläufig auf eine methusalemisch-alte Priesterkaste, die, wenn auch arg reduziert, heute noch existiert. Ihr Bestehen wird unterschiedlich datiert, manche Historiker sind sogar bereit, den Ursprung dieser Kaste etwa 15 000 Jahre vor unserer Zeit zu vermuten. Ich spreche von den Schamanen.

Das Schamanentum war früher weit verbreitet. Sein Bereich dehnte sich aus über Nordamerika, das türkische Zentralasien, Korea, Japan, Tibet — und China. Die beiden letztgenannten Länder stehen im Blickpunkt unserer Arbeit. Zunächst zum Reich der Mitte. Der bedeutende chinesische Historiker Wan-Kuo-wei schätzt das Alter des in China heimischen Schamanentums auf 2000 Jahre v. Chr. Was sind Schamanen, welche Funktion füllten sie aus?

„Das Wort Schamane tritt uns in der allgemeinen Literatur, bis hin zu Aufsätzen in der Tagespresse, verhältnismäßig häufig entgegen", schreibt Prof. Dr. Hans Findeisen vom Institut für Menschen- und Menschheitskunde in Augsburg, in seinem Buch „Schamanentum" und fährt fort: „Fast immer wird darunter ein ‚primitiver Zauberer' verstanden, ein Wesen also, das auf Grund ‚unwissenschaftlicher' Natureinsichten zu selbstverständlich fehlgerichteten Handlungen der Einflußnahme auf Naturabläufe der verschiedensten Art verführt wird. Im Hintergrund solcher Erwähnungen von Schamanenzauberern steht dann immer die Ansicht, daß wir selbst es ja gegenüber diesen primitiven Geisterbeschwörern so unendlich weit gebracht haben, um nur noch mit einem überlegenen Lächeln von solchen Verirrungen des menschlichen Geistes sprechen zu können. Über die Problematik und die Möglichkeiten des Zauberns gibt man sich bei solchen Erwähnungen natürlich erst recht keine ernster zu nehmende Rechenschaft, denn unsere eigenen Zauberer sind die Techniker aller Art, und diese sind auf die Magie im alten Sinne schlecht zu sprechen. Unsere heutige Zauberkunst basiert eben auf der modernen experimentellen Naturwissenschaft, und die Ansichten über die Natur, einschließlich des Menschen, wie sie gegenwärtig das Feld beherrschen, stammen aus einer stark materialistisch gearteten Forschungsepoche. Damit ist notwendigerweise eine deutliche Einseitigkeit der Auffassungen bezüglich der Natur in unseren Schulen und Universitäten zur Herrschaft gelangt, die den spöttisch-überheblichen Nebenklang beim Erwähnen der armseligen Schamanen der sogenannten Primitivvölker hat üblich werden lassen.

Nun ist als letzte Quelle der Auffassung der Schamanen als irregeleiteter Zauberer wieder die völkerkundliche Fachliteratur selbst gegeben. Diese hat in vielen, an sich sehr wertvollen, zusammenfassenden Werken von im allgemeinen ausgezeichneten Gelehrten, eine weite Verbreitung gefunden ... Und in all diesen Werken, die man selbst ebenfalls immer wieder gern zur Nachprüfung eigener Standpunkte oder zur Information einsieht, werden die Schamanen als Zauberdoktoren beschrieben. Man kann es also niemand — nicht einmal dem Studenten der Ethnologie — verübeln, wenn er nach der Lektüre von so vielen Autoritäten den Begriff von den Schamanen-Zauberern nun ebenfalls anwendet und weiterträgt."

Prof. Dr. Findeisen sieht in den Schamanen keineswegs nur „Zauberer". Er bezeichnet sie eher als priesterlich-väterliche Seelenführer, Heiler und Künstler, „und all das auf Grund einer besonderen Veranlagung, die sie uns psychologisch als spiritistische Medien charakterisieren läßt", wie Findeisen wörtlich ausführt.
Auch mir scheint es falsch, die Schamanen einfach als primitive Gaukler abtun zu wollen. Diese Priesterkaste hatte vielmehr be-

deutende Macht über ganze Volksstämme — vor allem in Nordasien — und wurde früher sehr verehrt. Man sah in ihnen bedeutende Magier. Der Schamanismus ist aber auch mehr als eine alte spiritistische Religion. Wer sich mit dem Schamanentum beschäftigt, erkennt überrascht dessen nicht wegzuleugnende Bedeutung für die uralten Menschheitsfragen. In Nordasien wurde die Problematik in den Riten, Dichtungen oder Tänzen festgehalten. All dies beweist, daß die Ursprünge des Schamanentums in längst vergessene Zeiträume zurückreichen, spricht aber auch dafür, daß uns die Schamenenpriester eine altüberlieferte Geisteskultur zugänglich gemacht haben.

Das Wort „Schamane" liegt angeblich dem indischen „Sramana" zugrunde, was so viel bedeutet wie „Büßer", „Asket". Ethnologen wiederum sehen in einem Schamanen zumeist einen sogenannten Besessenheitspriester.

Vieles spricht dafür, daß die in vergangenen Zeiten lebenden Schamanen über ungewöhnliche Kräfte verfügt haben, die aber in späteren Epochen nach und nach verloren gegangen sind.

Der Schamane selbst beschäftigt uns in diesem Buch nur am Rande. Womit ich mich näher befassen will, sind seine bemerkenswerten Fähigkeiten. Diese Fähigkeiten basieren offensichtlich auf einstmals besessenen technologischen Kenntnissen.

Schon die Herkunft der Schamanen liegt im dunkeln. Nach totemistischer Anschauung, die den Ursprung zahlreicher Sippen auf tierische Väter und Mütter zurückführt, seien auch die Schamanen aus „Tiermüttern" hervorgegangen.

Diese Tiermutter sah angeblich aus wie ein großer Vogel, besaß einen Schnabel, der einer eisernen Eispicke ähnlich war, sowie hakenförmige, kräftige Klauen und einen Schwanz, der so lang war sie die dreimal ausgebreiteten Arme.

Nach einer anderen Version sollen die Schamanen fern im Norden, „an der Wurzel der abscheulichen Erkrankungen" geboren sein. Dort gäbe es eine Lärche, an deren Zweigen sich in den verschiedensten Höhen Nester befinden. Die größten Schamanen würden im Wipfel des Baumes, die mittleren in der Mitte und die kleinen an den unteren Ästen groß.

Und wieder spielt die Tiermutter eine entscheidende Rolle. Sie hatte das Aussehen eines großen adlerähnlichen Vogels „mit eisernen Flügeln". Die Mythe berichtet weiter, daß sich die „Tiermutter", also der Vogel, auf ein Nest setze, ein Ei lege und dieses Ei sodann auszubrüten beginne. Bei einem großen Schamanen dauere diese Prozedur drei Jahre, bei einem kleinen Schamanen nur ein Jahr.

Beim Studium dieser Ursprungsberichte überrascht deren technologischer Grundgehalt. Ähnlich wie bei den Eskimolegenden sind es auch hier eiserne Vögel, die eher an ein mechanisches Fluggerät erinnern als an ein geflügeltes Tier.
Sollte in diesen Mythen die Erinnerung einer kosmischen Herkunft des Schamanismus zu finden sein? Sind jene „gelben Götter", von denen unser Report berichtet, in den Vorfahren der heutigen Schamenenpriester zu suchen? Die Antwort könnte uns die Legende der Schamanen selbst geben. Die Literatur über das Schamanentum der nordasiatischen Völkerstämme ist sehr umfangreich. Sie ist fast ausschließlich in russischer Sprache geschrieben. Die erste zusammenfassende Darstellung datiert aus dem Jahr 1780 und wurde von Johann Gottlieb Georgi in sein Werk „Beschreibung aller Nationen des Russischen Reiches" übernommen. In der Legende der alten Magier gilt der „eiserne Adler" als Kulturbringer. Er brachte einst das Schamanentum auf die Erde. Eine andere Mythe wiederum berichtet von einer „himmlischen Schwanfrau", deren Kinder hier auf Erden die ersten Schamanenprister geworden seien.
Hier finden sich doch zweifellos unübersehbare Ansätze für unsere Theorie, die vorzeitlichen Ahnen der heutigen Chinesen — zu denen auch die Schamanenpriester gehören — seien einst aus dem Kosmos auf die Erde gelangt.

Merkwürdig klingt auch eine Erzählung über ein mythisches Tier, das am ehesten dem Aussehen einer Bergziege vergleichbar erscheint. Es wird berichtet, daß die „Bergziege" keine Haare mehr besessen habe und daß aus dem Vorderteil des Bauches acht Beine herausgewachsen seien, deren Hufe nach hinten gestellt waren.

Klingt das nicht wie die Beschreibung eines künstlichen Gerätes, das irgendwelche Manövrieraktionen durchführte?

Die Schamanen haben in ihren Riten manch Überliefertes aus vergangenen Zeiten verewigt und die mythisch untermauerte himmlische Herkunft sogar in ihrer Tracht herausgestellt. Vor allem in Nordasien trifft dies sichtbar zu. Die Schamanentracht versinnbildlicht deutlich erkennbar einen Vogel, mit dessen Hilfe der Schamanenpriester vermeint, sich in außerirdische Welten begeben zu können. Georg Nioradzes zusammenfassende Skizze des Schamanentums bei den sibirischen Völkern, 1925 erschienen, deutet dies so:

„Betreffs der Frage, was die Schamanentracht vorstellen soll, stimmen wir mit der Meinung jener Forscher überein, welche behaupten, daß der Rock des Schamanen als Ganzes den Schutzgeist symbolisieren soll. Sobald der Schamane sich den Mantel überwirft, wird er von der Macht und Kraft jener Geister, die auf seinem Rock abgebildet sind, durchdrungen. Übernatürliche Eigenschaften bemächtigen sich seiner, und diesen verdankt er es, daß er sich in den Himmel oder in die Unterwelt zu versetzen vermag, um mit den Geistern in Verhandlungen und, wenn nötig, auch in Kampf treten zu können. Die Teile des menschlichen Körpers (Rippen, Hände, Fußgelenke usw.) sowie die Federn und Flügel von Vögeln, welche in so großer Menge an dem Schamanenrocke hängen, haben verschiedene Forscher auf den Gedanken gebracht, daß jener Schutzgeist, welcher den Rock darstellt, zu gleicher Zeit Mensch und Vogel sein muß. Diese Meinung findet auch ihre Bestätigung in den zahlreichen Grabfunden schamanischer Gegenstände, die die Gestalt von vogelähnlichen Menschen haben, wie Spicyn in seinen Werken erzählt." Es sind überhaupt merkwürdige Anschauungen, die uns durch die Schamanensippe zugänglich gemacht worden sind. So wird nicht nur der bereits genannte „eiserne Vogel" als Muttertier bezeichnet, sondern auch der Rehbock sowie das Renntier. Prof. Findeisen meint in seinem Buch „Schamenentum", daß das dem Renntier nachempfundene Aussehen des Schamanengewandes lediglich „mütterlich-helfende Tätigkeiten" ausübe, der Schamane sich keineswegs in ein Renntier verwandle, sondern sich des Renntiers lediglich als „Hilfsgeist" bediene, der den Priester in andere Welten geleite.

Auf Zeichnungen konnte der Gelehrte erkennen, wie eine derartige Reise in der Vorstellungswelt der Schamanen von sich geht. Dem Priester fliegt zuerst ein geflügeltes Einbaumboot voran, dann folgt das sogenannte „Mutterrenntier", erst jetzt auch der Schamane selbst in einem gleichfalls geflügelten Fischerboot. Was immer man auch in diese Darstellung von fachlich kompetenter Seite hineindeuten mag, auch hier scheint uns ein technologischer Grundgehalt vorhanden zu sein. Ob in diesen mythischen Elementen noch Reste einer fernen Erinnerung enthalten sind? Manches scheint darauf hinzudeuten.

„Jetzt erblicke ich den Nacken des Geisterrenntieres", berichtet eine Schamanenerzählung, deren Verfasser sich offensichtlich mit Hilfe eines Apparates in die Lüfte erheben konnte.
„Zieh mich doch nicht so nach vorn, ihr Geister", bittet der unbekannte Schamane scheinbar beunruhigt. Er selbst sitzt in einem „geflügelten Geisterboot", das von einem sogenannten „Mutterrenntier" durch den Luftraum gezogen wird. Transferiert man das Geschehnis in unser Zeitalter, dann scheint irgend etwas mit dem Steuermechanismus nicht gestimmt zu haben. Diese Vermutung ist nicht so abwegig, wie sie zunächst scheinen mag, denn ein paar Zeilen später berichtet der Erzähler: „Den Renntiernacken habe ich wieder zurückgebracht", was nicht nur Prof. Findeisen zur berechtigten Annahme verleitet, das „Geisterrenntier" (Findeisen) habe sich dem Einfluß des Schamanen schließlich doch gefügt. „Es hat also nicht die Fähigkeit, ohne Einverständnis des Schamanen zu handeln, der doch letzten Endes als Herr und Gebieter über den Gewandgeist verfügt", resümiert der Schamanenforscher. Streng genommen harmonisieren die Überlegungen Findeisens mit unserer Vermutung, dieses Tier sei eher ein mechanisches Fluggerät vorgeschichtlicher Herkunft gewesen. Übrigens gibt es ein paar ähnliche Beispiele in unserer Geschichte, worin technologisch ahnungslose Beobachter mechanische Apparaturen mit Tiernamen belegten.

Denken wir etwa an die Indianer Nord- und Südamerikas. Als dort die ersten Loks durch die Savannen rollten, sahen die Rothäute in ihnen „Feuerrösser". Flugzeuge, die hoch am Himmel dahinzogen, wurden flugs zu „Donnervögeln". Die Definition ist in ihrer Naivität denkbar logisch: Die Indianer verwendeten für die bislang unbekannten Gegenstände zu Lande und zu Luft Bezeichnungen ihres gängigen Sprachgebrauchs. Rösser und Pferde, das war auch damals schon ein Begriff. Vögel, die gab es schon immer. Eine neue Bezeichnung war diesen, doch auf recht einfacher Stufe lebenden Menschen, noch nicht geläufig. Also wurden aus Loks „Feuerrösser", aus lautstark am Himmel dröhnenden Flugzeugen „Donnervögel".

In den Erzählungen der Schamanen finden sich verschiedene Berichte, die unsere Vermutung nähren, man hätte damals bereits gesteuerte Fluggeräte besessen. Natürlich ist alles eher andeutungsweise vorhanden, vom Schleier des Geheimnisvollen umgeben, doch läßt sich auch dafür eine vernünftige Erklärung finden: Die Schamanen waren Priester, galten gemeinhin als Zauberer und waren bemüht, diese Vermutung im Volke zu hegen und zu pflegen. Technische Kenntnisse wurden deshalb nur vorsichtig demonstriert. Für den unvorbereiteten Beobachter mußten sie jedoch als Hexerei erscheinen. Auf diesem Gebiet betrieb man ganz sicherlich eine Art Inzucht, und jene, die das Wirken der Schamanen für spätere Zeiten aufzeichneten, waren ebenfalls nur imstande, sich in Andeutungen zu ergehen – weil eben das konkrete Wissen völlig fehlte. Daß es ein solches Wissen aber gegeben haben muß, will ich anhand einiger Beispiele klarlegen.

Nach den Überlieferungen genoß vor allem der Schmied bei den Schamanen besonderes Ansehen. Der Gründer dieses Berufsstandes war, so wird erzählt, ein göttliches Wesen mit Namen Kydai-Bachsy. Es gilt als erster Lehrer und Urvater der Schmiede. In den Mythen der Schamanen finden sich außerdem Angaben, wonach jener Gott auch Förderer des Schamanismus gewesen sei. Ein Sprichwort behauptet sogar, Schmiede und Schamanen seien aus dem gleichen Nest.

Der Schmied aber genoß in früheren Zeiten eine heute unbekannte Verehrung. Er galt bei fast allen alten Völkern als weise, ja sogar als zauberkundig. Prof. Findeisen erwähnt das Können des Schmiedes Wieland, dem es gelang, mit Hilfe „eiserner Flügel" (ebenso wie die Schamanen) aus der Gefangenschaft des Königs Nidung zu entfliehen.

„In eurer Schmiede befinden sich eure kräftigen Zauber, in euren Blasbälgen eure wunderbaren Zauber", heißt es in einem Lied der Schamanen, in dem sie die neun himmlischen Schmiedegeister anrufen. Prof. Findeisen erkennt in diesen Worten die hohe Achtung der Völker vor dem Können der Schmiede, die gleiche Hochschätzung eines technischen Berufes, wie sie heute in ähnlicher Art den Kenntnissen der Atomwissenschaft und ihrer für den Laien unverständlichen Tätigkeit entgegengebracht wird.

Fliegen — das konnten also, wie ich schon vorher aufgezeigt habe, auch die Schamanen. Die Fabel berichtet von einem zwanzigjährigen Mann, der von einem Raben in die Obere Welt gebracht wird, wo ihn ein weißes geflügeltes Renntier nährt. „Er wurde so klein wie ein Fingerhut", heißt es in der Erzählung. Nach drei Jahren Aufenthalt in der Oberen Welt, in der sich übrigens auch ein mysteriöser „Eisenwald" befand, wurde der junge Mann von den Oberweltsgeistern (erkenntlich an einem Rabenkopf) wieder zur Erde zurückgebracht. Derartige Himmelfahrten gibt es mehrere in den mythischen Erinnerungen der Schamanen. Wir aber wollen ein besonderes Fluggerät jener vorgeschichtlichen Priesterkaste in Augenschein nehmen, das uns übrigens nicht nur in der chinesischen Legende begegnet. Dieses Fluggerät wird schlicht als „Trommel" bezeichnet und gilt bei den Schamanen als „beseelter" Gegenstand. Der Schamane nahm darauf, berichtet die Legende, wie auf einem Reittier Platz. Anderen Überlieferungen zur Folge sollen die Schamanenpriester früherer Epochen, die weit mächtiger waren als ihre Nachkommen, über sogenannte „geschlossene" Trommeln verfügt haben, in denen man vor seiner Luftreise bequem Platz nehmen konnte. Buchli-Chara bö, der Sage nach der allererste und übermächtige Schamane, besaß angeblich sogar eine Trommel aus Silber.

Kaum weniger interessant scheint uns der Legendenhinweis zu sein, daß die „geschlossenen Trommeln" mit Flügeln ausgestattet waren und ähnliche Fähigkeiten besaßen wie der einstmalige „geflügelte Fischerkahn", den die ältesten Schamanen für den Aufstieg in die „oberen Welten" zu benutzen pflegten.

„Göttliche Kräfte" zerstörten aber eines Tages jene „geschlossenen Trommeln". Worin diese Kräfte bestanden, wird in den Legenden nicht gesagt, möglicherweise bewußt verschwiegen. Wahrscheinlich fehlten den späteren Konstrukteuren auch die Pläne und das Wissen zur Herstellung dieser Himmelsschiffe, und man begnügte sich deshalb damit, nur noch „offene" Trommeln zu konstruieren, die ausgesehen haben sollen wie ein Sieb. Die zerstörerische Kraft göttlicher Einflußnahme — was immer darunter auch zu verstehen sein mag — brachte der Schamanenzunft noch einen weit größeren Verlust: Sie verloren — weiß die Sage zu berichten — „die Hälfte ihrer Zauberkraft".

Obwohl uns heute kein Modell einer Flugtrommel mehr zur Verfügung steht, hat sich ihr Aussehen, ihre funktionelle Tätigkeit, möglicherweise dennoch bis zum gegenwärtigen Zeitpunkt erhalten. Entdeckte doch der China-Ethnologe, Prof. Chi Pen Lao, im Jahr 1957 sowohl im Honan-Gebirge als auch auf einer Insel im Tungting See Flachreliefs aus Granit mit wahrhaft seltsamen Darstellungen. Da sind deutlich Gestalten zu sehen, die Menschen oder menschenähnlichen Wesen gleichen, aber offensichtlich Taucherausrüstung, vielleicht sogar Raumfahreranzüge, tragen. Auffallend an diesen Ritzzeichnungen: jene Wesen haben „Elefantenrüssel", sitzen auf eigenartigen zylindrischen Objekten, die andeutungsweise in der Luft schweben. Waren jene „Elefantenrüssel" in Wahrheit künstliche Atmungsgeräte? Prof. Chi Pen Lao schätzte das Alter der Flachreliefs auf rund 45 000 Jahre. Handelt es sich bei jenen zylindrischen Fluggeräten um unsere Schamanentrommeln? Derartige Apparaturen finden wir übrigens nicht nur in chinesischen Legenden. Auch aus Tibet wird uns ähnliche Kunde übermittelt. Bekanntlich hat im Verlauf der wechselvollen Geschichte dieser beiden Reiche, die Herrschaft des einen über das andere von Mal zu Mal gewechselt. Auch tibetische Mythen berichten von ungewöhnlichen Vorkommnissen, die sich aus dem Luftraum auf die Erde verlagerten. Von Göttern, die zu Begründern langwährender Königdynastien wurden. Ähnlich wie in China, gab es in Tibet die „Epoche der 27 legendären Könige". Den Anfang machten die „Sieben Himmlischen Könige" mit dem Beinamen „Trhi", von denen die Sage berichtet, sie seien einst auf dem Himmelsseile (oder Himmelsleiter) herabgestiegen, um über die Menschen zu herrschen, nach Ablauf ihrer Herrscherzeit aber wieder in den Himmel auf den Götterberg Ti-se (auch als Kailas oder Meru bekannt) zurückgekehrt, ohne zu sterben. Ihre Rückreise gestaltete sich, der Überlieferung nach, recht eindrucksvoll: Wird uns doch erzählt, die Könige seien „einem Regenbogen gleich" in den Himmel entschwunden.

Nicht sehr klug handelte hingegen der siebente König Tr'i-gumtsen-po, der es vorzog, auf der Erde zu verbleiben. Er ließ sich von seinem Minister dazu überreden, das „Himmelsseil" abzuschneiden und wurde zum „Dank" dafür umgebracht.
Es scheint mir überhaupt interessant, die Schöpfungsmythen des alten Tibet ein wenig genauer unter die Lupe zu nehmen. Ist doch das Schicksal des Lamastaates mit jenem des chinesischen Reiches seit Jahrtausenden eng miteinander verbunden. Die einstmalige Ankunft der gelben Götter erfolgte nämlich mit großer Wahrscheinlichkeit nicht nur im chinesischen Bereich, sondern fächerartig auch über tibetischem Gebiet. Blanche Christine Olschak, Expertin für die Frühgeschichte Zentralasiens und der Himalayaländer, sammelte in ihren Tibetbüchern zahlreiche mythische Erzählungen und offerierte sie erstmals der Öffentlichkeit.
So findet sich in den tibetischen Legenden immer wieder die Version des kosmischen Eies, das weit mehr gewesen sein muß, als die symbolische Deutung der Entstehung des Universums — wie das von Naturforschern gerne vorgebracht wird. Hier ein Beispiel:

„Aus dem ungeschaffenen Wesen entstand ein weißes Licht, und aus dem Grundstoff dieses Lichtes kam ein vollkommenes Ei hervor: von außen war es strahlend, es war durch und durch gut;

116

es hatte keine Hände und keine Füße und hatte dennoch die Kraft der Bewegung; es hatte keine Schwingen und konnte dennoch fliegen; es hatte weder Kopf, noch Mund, noch Augen, und dennoch erklang eine Stimme aus ihm. Nach fünf Monaten zerbrach das wunderbare Ei, und ein Mensch kam heraus ..."

Wenn man diese Sätze liest, wird man — ohne seine Phantasie strapazieren zu müssen — an die Landung eines Raumschiffes erinnert. Da ist zunächst einmal das „weiße Licht", das sowohl die Scheinwerferbeleuchtung, als auch der „Feuerzauber" der Antriebsaggregate gewesen sein kann. „Von außen war es strahlend", heißt es weiter, „es war durch und durch gut". In dieser Beschreibung ist die ästhetische Form des Flugkörpers erkennbar, sein makelloses Äußeres, was mit dem Satz „es war durch und durch gut" treffend überliefert wurde.

Natürlich brauchte aus unserer heutigen Sicht das Luftschiff „keine Hände und keine Füße", um sich dennoch selbständig zu bewegen. Es benötigte zweifelsfrei auch keine „Schwingen", um sich in die Lüfte erheben zu können.

Bedeutungsvoll erscheint mir an dieser Schilderung, daß der Beobachter zwar das für ihn seltsame Phänomen einer „Stimme" vernahm, dabei jedoch „weder Kopf, noch Mund, noch Augen" zu erkennen vermochte.

Es dauerte offenbar fünf Monate, ehe sich der Fremde aus dem All ins Freie wagte. Als dies geschah, „zerbrach das wunderbare Ei und ein Mensch kam heraus". Das läßt wiederum den Rückschluß zu, daß die „Götter" uns Erdbewohnern glichen. Auch von Yehi, dem ersten mythischen König Tibets, wird erzählt, er sei aus einer Muschel oder einer Eierschale geboren worden. Yehi gilt als Vorvater der menschlichen Rasse.

Der französische Sachbuchautor Robert Charroux erwähnt in seinem Buch „Die Meister der Welt" ein uraltes tibetisches Manuskript, das in China entdeckt worden sein soll und folgende Textstellen enthält:

„Gekommen vom hohen Himmel der Götter als Söhne von sechs Vätern, Göttlichen Herrn, die über dem mittleren Himmel ihren Sitz haben, gab es drei Ältere und drei Jüngere, sieben für die Dynastie der Sieben Throne; so gab es Krhi-Nag-Krhi bean-po.

Er kam herunter als die Erde befruchtender Regen und erster der Väter des Landes ... Zuerst erreichte er die Erde. Dann war er Fürst über alles, was unter dem Himmel ist ... Als Söhne von sechs Vätern, Höchsten Herrn, die über dem mittleren Himmel ihren Sitz haben, gab es drei Ältere, drei Jüngere, sieben für die Dynastie der Sieben Throne. Der Stammbaum der Dynastie der Sieben Throne war: Lde Nag-Khri bean-po. Er kam herunter als die Erde befruchtender Regen und erster der Väter des Landes. Dieser Sohn der Götter herrschte über die Länder der Menschen. Dann kehrte er körperlich in den Himmel zurück ..."

Doch kehren wir auf tibetischem Gebiet zu unseren fliegenden Trommeln zurück. Von 1040 bis 1123 nach Christus lebte ein zauberkundiger Magier, der sogar dem Wetter befehlen konnte. Er hieß Mila Räpa, war stets nur mit einem Baumwolltuch bekleidet, und gilt in Tibet als großer Dichter der „Hunderttausend Gesänge". Er stellte sich eines Tages dem Führer der Bon-po-Sekte, einem Schamanenpriester, zum „religiösen Wettstreit". Dieser fand, bezeichnenderweise, am Fuße des heiligen Berges Kailas statt. Die Legende selbst bezeichnet diese Auseinandersetzung als Kampf um das größere Wunderwirken zwischen den Buddhisten und dem Bon-Zauberer. Um seine große Macht zu beweisen, bestieg der Bon-po seine Trommel und flog damit dem Gipfel des Ti-se zu. Mila Räpa, der diesen Wettflug ja gewinnen wollte, verschlief jedoch den „Frühstart" seines Gegners. Seine aufgeregten Schüler versuchten verzweifelt, ihren Lehrmeister wachzurütteln, was ihnen schließlich gelang.
Mila Räpa hatte keine Eile. Wie die Legende berichtet, bannte er seinen schnelleren Gegner mit einem einzigen Blick, der Bon-Zauberer stürzte aus dem Luftraum zur Erde, und seine Trommel rollte den heiligen Berg hinunter. Mila Räpa aber breitete sein Baumwollgewand aus und flog in Blitzeseile zum Gipfel des Götterberges. Großmütig wies später Mila Räpa seinem unterlegenen Gegner eine Wohnstätte zu, von der es dem Bon-Zauberer möglich war, den Berg Ti-se ständig zu sehen.

Ob sich Mila Räpa die Flugtrommel seines Rivalen als Siegespreis behalten hat, bleibt unerwähnt.

XII. CHINESEN AUF DEM MOND?

Woher kamen die Thai? — Legenden vom Mond —
Der „knochenlose" König — Ingenieur Hou-Yih's
Mondreise — Lange vor den US-Astronauten bestaun-
te der Chinese den „wie zu Eis erstarrt wirkenden
Mondhorizont" — Seine Gattin beschrieb den Erd-
trabanten als „leuchtende, wie Glas schimmernde Ku-
gel von gewaltiger Größe und beträchtlicher Kälte" —
Flog vor 4300 Jahren ein chinesisches Raumschiff zum
Mond? — Wurde Chinas Adam aus einem Ei geboren?

119

XII

Karl F. Kohlenberg, ein der phantastischen Spekulation nicht abgeneigter Ethnologe, nennt in seinem Buch „Enträtselte Vorzeit" gleich mehrere Bezeichnungen, die ziemlich eindeutig auf künstliche Fluggeräte hinweisen, auch wenn sie verschiedentlich bekannte Tiernamen — etwa „Eule" führen, oder als Sachbegriffe — Kugeln, Eier — zirkulieren.

Bleiben wir gleich bei letzterer Bezeichnung: In seinem 1942 in Peking erschienenen Buch „Monumenta Serica, die Lokalkulturen des Südens und Ostens" berichtet Professor W. Eberhard von dem geheimnisvollen Volk der Thai.

In den Sagen der Thai begegnen wir immer wieder seltsamen Berichten, die sich ohne besondere phantastische Begabung deuten lassen. In diesen Berichten erfahren wir von einem großen „Ei", das vor Zeiten während eines Gewitters in das Haus der Familie Ch'en fiel. Dieses Ei enthielt einen Passagier: ein Kind der Himmelsbewohner, wie die Sage behauptet. Der kleine Gast wurde von der Familie Ch'en bewirtet und später aufgezogen. Seither gelten die Mitglieder dieser Familie als legitime Nachkommen des Donnergottes.

Mit den Thai ist das überhaupt so eine merkwürdige Sache. In ihren Überlieferungen — und deren gibt es viele — findet sich keine Spur darüber, woher dieses Volk gekommen war, wo die früheren Wohnsitze lagen. Wurde die Erinnerung daran „von außen" beeinflußt, aus psychologischen Gründen getilgt? Solche Rückschlüsse lassen unsere Legenden allerdings nicht zu. Wir können nur vermuten — und phantasievoll kombinieren. Zunächst aber soll der Leser Einblick gewinnen in den seltsamen Inhalt der Sagen, die sich die Thai erzählen, die uns bis zum heutigen Tage überliefert sind.

Da ist zunächst sehr viel vom Mond die Rede und vom Ei des „knochenlosen" Königs von Hsü. Dieses Ei, das Fluggerät des Erdbesuchers, hatte der Sage nach Steuerungsschwierigkeiten und stürzte schließlich ins Meer.

Der „Knochenlose" hingegen konnte sich offenbar retten, denn die Sage berichtet weiter, der Fremde vom Mond hätte das „Wissen von den Sternen" unter den Thai verbreitet.

Die Yao wiederum, ein anderer chinesischer Volksstamm, wissen in ihren Überlieferungen sogar den Namen des Extratterrestrier zu nennen: Bei dem „knochenlosen" König handelte es sich demnach um einen gewissen Ch'ang-i, der — wie naheliegend — auch die Mondberechnung erfunden haben soll.

Wie wenig aber die Sagen dieses chinesischen Kulturkreises parallel verlaufen, beweisen die unterschiedlichen Überlieferungen. So soll es sich bei Ch'ang-i nicht um einen Mann, sondern um eine Frau — also eine „Knochenlose" — gehandelt haben, Gemahlin des I. I, mit vollem Namen I Yin. Er war der erste legendäre Herrscher der Shang.

Laut Mythe ließ sich I Yin von der Muttergöttin des Westens Hsiwang-mu das Elexier der Unsterblichkeit geben. In einem günstigen Augenblick bemächtigte sich aber Ch'ang-i des kostbaren Lebenssaftes ihres Mannes und floh damit zum Mond, wo sie zur Gebieterin des Erdtrabanten avancierte.

Eine ähnliche Erzählung berichtet von Hou-Yih, auch als Chih-Chiang Tzu-Yu bekannt, der eine Mondreise unternimmt. Hou-Yih, der Ingenieur des Kaisers Yao, ließ sich zunächst, weiß die Überlieferung zu vermelden, von einem „Himmelsvogel" genauestens darüber instruieren, zu welcher Zeit die Sonne ihren Aufgang nahm, wann sie am höchsten stand und wann sie wieder unterging. Fast ist man versucht, aus diesen Zeilen die „Auskunft" eines Computers herauszulesen, der vorher von Hou-Yih dementsprechend programmiert worden war. Wie auch immer, der altchinesische Astronaut erhielt jene Informationen, die er benötigte, bestieg dann seinen „Himmelsvogel", hinter dessen Bezeichnung ein Raumfahrzeug zu vermuten ist, und trat damit seine Mondreise an. Laut Bericht geschah dies, indem er „den Strom aus leuchtender Luft bestieg". War damit der Düsenstrahl gemeint? Der vorgeschichtliche Raum-Report berichtet weiter, daß Hou-Yih im Weltall „die rotierende Bewegung der Sonne nicht wahrnahm", was völlig logisch ist, weil die tägliche Wanderung der Sonne im kosmischen Raum nicht beobachtet werden kann.

Bei seiner Landung auf dem Erdtrabanten bestaunte Hou-Yih den „wie zu Eis erstarrt wirkenden Horizont", ließ sich aber davon weiter nicht abhalten, seinen „Palast Große Kälte" zu errichten. Offensichtlich die erste Mondbasis, lange vor der Landung unserer US-Astronauten.
Hou-Yih, der tüchtige prähistorische Ingenieur und Raumfahrtspezialist, war mit Chang Ngo verheiratet, die sich ebenfalls wissenschaftlich betätigte. Die Gattin unseres Mondfliegers bestieg schließlich selbst ein Raumschiff und folgte ihrem Astronautengatten nach. Das Aussehen des Mondes beschrieb Chang Ngo als „leuchtende, wie Glas schimmernde Kugel von gewaltiger Größe und beträchtlicher Kälte". Diese Beobachtung ist im übrigen völlig identisch mit den Angaben, die die NASA von den amerikanischen Astronauten erhalten hat. Auch Armstrong & Co. fanden den Mond öde und dessen Oberfläche teilweise von einer glasartigen Substanz überzogen. Und daß es auf unserem Trabanten extrem kalt ist, wurde gleichfalls bestätigt.

Schon vor 4300 Jahren — solange soll diese Überlieferung zurückdatierbar sein — stellte Chang Ngo, die prähistorische Raumfahrerin, fest: „Das Licht des Mondes wird in der Sonne geboren." Woher hatte sie ihr Wissen?
Die Antwort gibt wiederum die Mythe. Im August 1961 veröffentlichte die Pekinger Zeitschrift „China Reconstructs" einen interessanten Artikel, der sich im wesentlichen auf gesammelte alte Erzählungen stützt, die im 4. Jahrhundert von Literaten aus noch älteren chinesischen Quellen entnommen wurden. Diese Quellen überlieferten uns eine weitere Version über die Tätigkeit

des raumfahrenden Ehepaares Hou-Yih und Chang Ngo. „In der Nacht erschien ein riesiges Schiff mit hellen Lichtern draußen auf dem Meer", erzählt die Legende. „Diese Lichter wurden während des Tages gelöscht. Das Riesenschiff hatte auch die Fähigkeit, zum Mond und zu den Sternen zu fliegen, daher sein Name „Ein Schiff, das zwischen den Sternen hängt" oder „Das Schiff zum Mond". Der Artikel der Pekinger Zeitschrift schließt mit dem Hinweis, „das fliegende Riesenschiff sei von Chinas Einwohnern zwölf Jahre lang bei seinen Auf- und Abstiegen zu beobachten gewesen". Erstaunlich, ja ungeheuerlich, wenn diese Texte auf Wahrheit beruhen sollten. Seltsam genug auch dann, wenn es sich dabei lediglich um eine prähistorische Science-Fiction-Vision gehandelt hat. Jules Verne wäre dann mit seiner so prophetischen Schilderung der ersten Mondreise nichts weiter gewesen als ein nicht sehr phantasiereicher Plagiator.

Doch kehren wir zurück zu den fliegenden Eiern, die uns in den Sagen der rätselhaften Thai sowie vieler anderer Volksstämme in China begegnen. Übereinstimmend berichten die Mythen von der Herabkunft des ersten Menschen mit Namen P'an-ku. Dieser chinesische „Adam", weiß die Sage, sei aus einem Ei geboren worden, das der göttliche Vogel auf einem Berggipfel niedergelegt habe. Der seltsame, ovale Körper wurde von Angehörigen der Thai sowie der Hia (auch dieses Volk ist unbekannter Herkunft) erspäht. Der naheliegendste Gedanke — es handle sich um ein riesiges und offenbar „göttliches" Ei — wurde natürlich auch von den primitiven Stammesangehörigen gedacht. Es ist sogar wahrscheinlich, daß weder die Thai noch die Hia den angeblich „göttlichen Vogel", von dem sie in ihren Erzählungen berichten, jemals gesehen haben, es auch nicht konnten, weil dieser sogenannte Vogel niemals existiert hatte. Vielmehr entstand dessen Identität aus einer durchaus logischen Gedankenkombination dieser einfachen Leute. Wo ein Ei, war ihre Überlegung, mußte wohl auch ein Vogel sein. Nun war aber dieses „Ei" von gewaltiger Größe nicht im mindesten dem uns so bekannten Tierprodukt ähnlich. Hier handelte es sich lediglich um einen eiförmigen Gegenstand — um ein fliegendes Gefährt, das auf einem geeigneten Bergplateau niedergegangen war. Aus diesem Gefährt entstieg, wie schon erwähnt, P'an-ku, ein Fremder von menschengleichem Aussehen, mit wahrscheinlich „übernatürlich" anmutenden Fähigkeiten und Kenntnissen. Schon war für die naiven Thai und Hia ein „Gott" geboren. Diese Version, und nicht das tatsächliche Geschehnis blieb über Zeiten hinweg erhalten, entstanden aus der Fehldeutung des „Rieseneies".

Eine Spekulation meinerseits? Vielleicht. Aber sollten wir uns nicht bemühen, krampfhafte Versuche zu unterlassen, in jeden Sageninhalt ausschließlich „Archetypen des Denkens" hinein zu interpretierten? Sollten wir nicht vielmehr den Versuch wagen, uns in die Gedankenwelt jener Menschen zu versetzen, die mit einem ungewöhnlichen Ereignis konfrontiert wurden? Die Thai oder Hia, überhaupt die einfachen Menschen jener Zeit, konnten einfach nicht zur einzig logischen Lösung kommen — ihr Horizont war noch zu eng gesteckt. Wir aber, Menschen des Raumzeitalters, in dem nichts mehr völlig unmöglich erscheint, sollten nicht abstumpfen. Ungewöhnliche Gedankenbilder sind nicht nur Kindern und Träumern vorbehalten. Jede Erfindung, die uns der Fortschritt des 20. Jahrhunderts geschenkt hat, war ursprünglich nichts weiter als ein phantastisches Gebilde in den „kleinen grauen Zellen" eines überdurchschnittlich intelligenten Menschen. Warum sollte nicht auch der Inhalt vieler Mythen und Legenden mit Hilfe phantasievoller Überlegungen richtig gedeutet werden können?

XIII. DIE „GEISTERWAGEN" DES ALTEN CHINA

Handelt es sich bei Phallussymbolen ursprünglich um
Darstellungen von Raumschiffen? — Von der doppel-
köpfigen „Himmelsschlange" rieselte tödlicher Staub —
Vögel, die keine waren — Flugzeugkatastrophen in
Legendentexten — Die „kupfernen Schiffe" der Urzeit
— Chinas „Noah" rettete sich in einer schwimmenden
Metalltrommel — Im Kampf gegen den Fackeldra-
chen — Handelte es sich bei den „fliegenden Glocken"
um UFOs? — Operationsbasis K'un-lun-Gebirge —
Welche Geheimnisse birgt das Archiv des Vatikan?

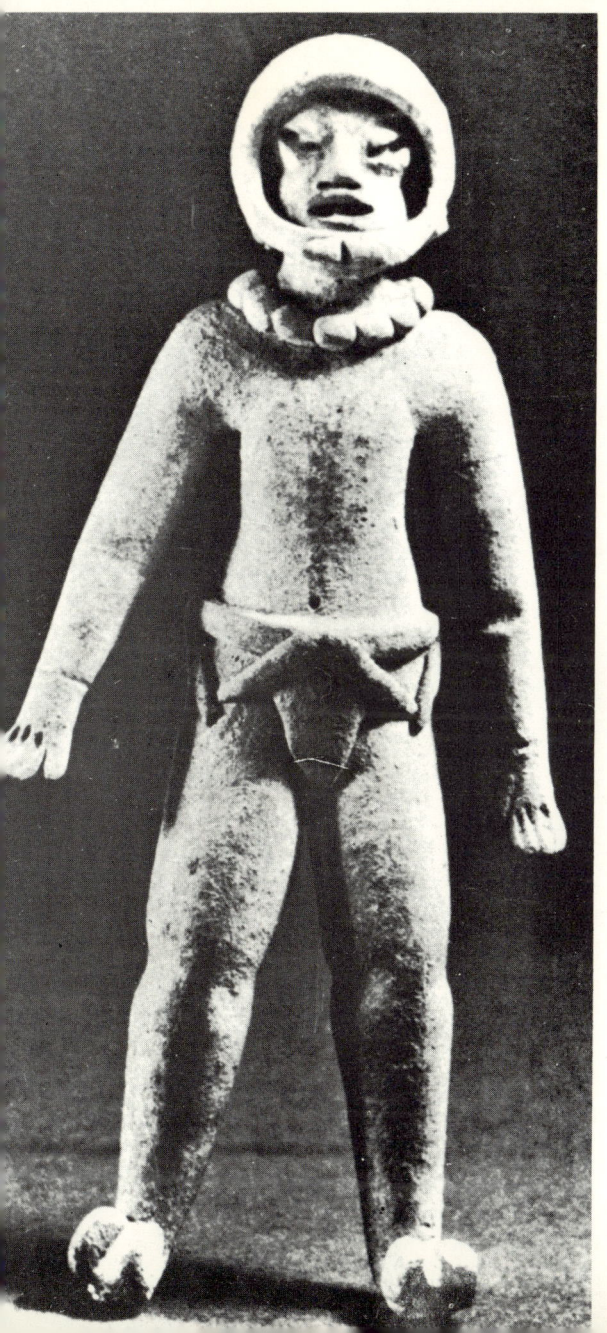

Wer modellierte einst diese behelmte Figur? Sie stammt aus der Zeit zwischen 1150 und 100 v. Chr., ist 17 Zentimeter hoch und befindet sich im Privatbesitz des mexikanischen Forscherehepaares Dr. und Mrs. Milton Arno Leof aus Mexiko City. Der prähistorische Raumfahrer mit den deutlich mongoliden Gesichtszügen wurde in Xochipala, Guerrero, Mexiko, entdeckt. Seine Herkunft ist unbekannt.

So sieht es aus: Das Gesicht des geheimnisvollen Toten im Sarkophag von Palenque, wie es von einem sowjetischen Wissenschaftler anhand der Jademaske rekonstruiert werden konnte. Die Rassenmerkmale, sagen die Sowjets, sind auf diesem Planeten unbekannt.

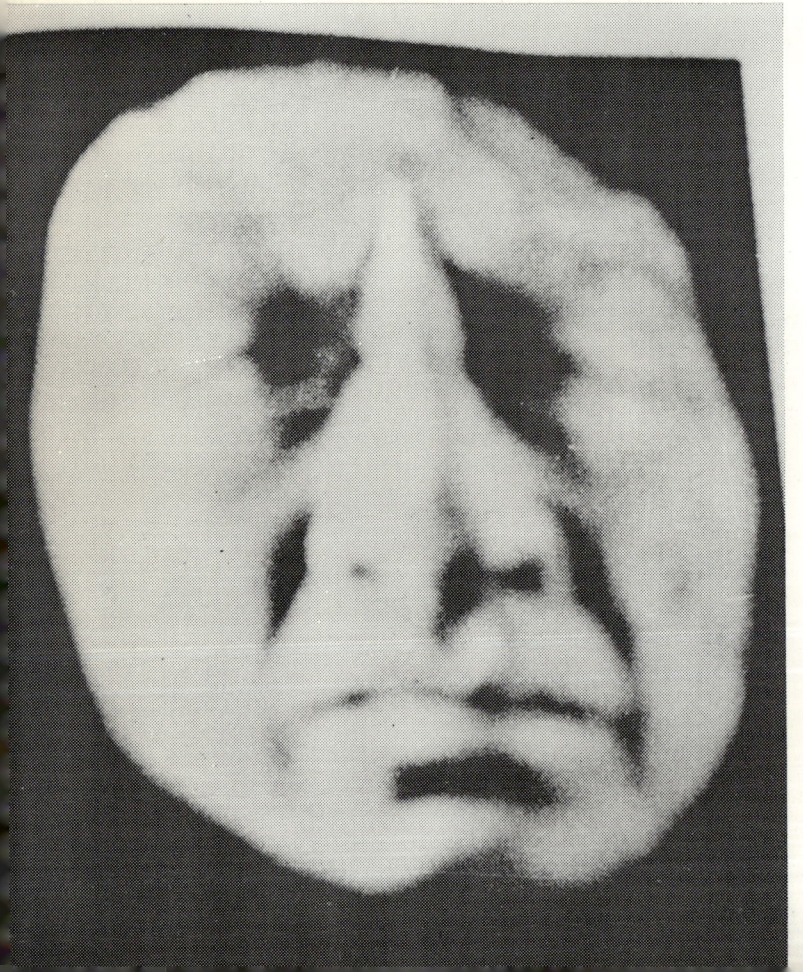

exander Kasanzew,
ence-Fiction-Autor und
glied der Moskauer Aka-
mie der Wissenschaften,
rde von japanischen
unden zwei sogenann-
„Dogu"-Statuetten ge-
enkt. Sie scheinen Raum-
üge zu tragen.

ks unten: Aus diesem
ya-Schriftzeichen ent-
kelten die Forscher
linger und Egger einen
ang unbekannten Mo-
(rechts unten).

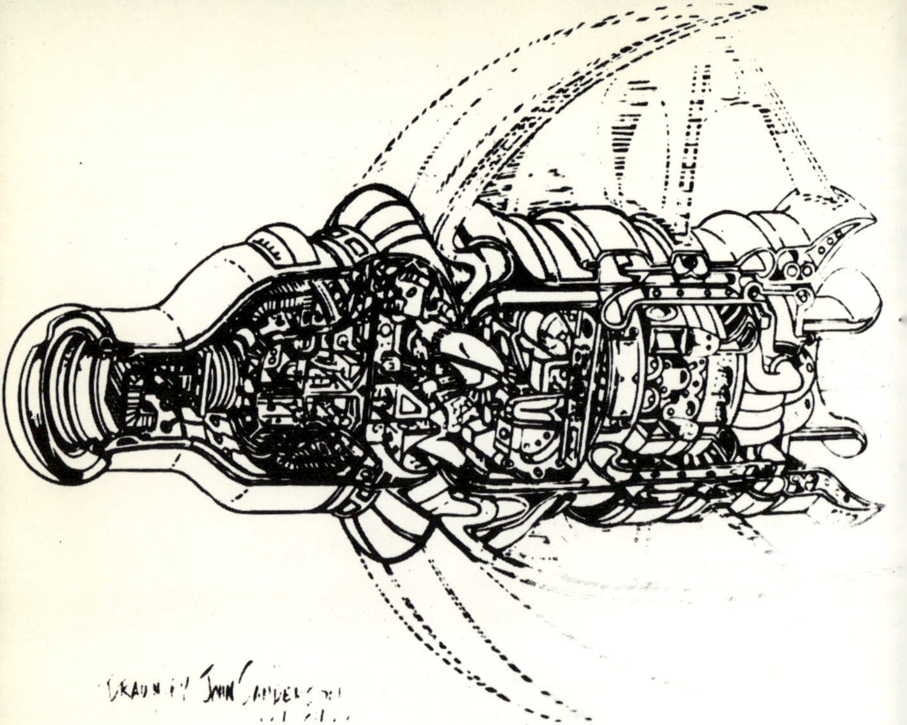

Obenstehendes Foto gib[t]
die technische Deutung de[r]
Reliefdarstellung von Pa[-]
lenque wieder, wie sie vo[n]
dem amerikanischen Wis[-]
senschaftler John Sande[r-]
son rekonstruiert worde[n]
ist.

R e c h t s : Der „fliegend[e]
Gott" von Palenque in ein[er]
Originalnachbildung.

L i n k s : Eine ähnlich[e]
Darstellung auf einem R[e-]
lief in La Venta, Tabask[o,]
Mexiko. Die Schlange g[ilt]
seit jeher als Symbol de[s]
Fliegens.

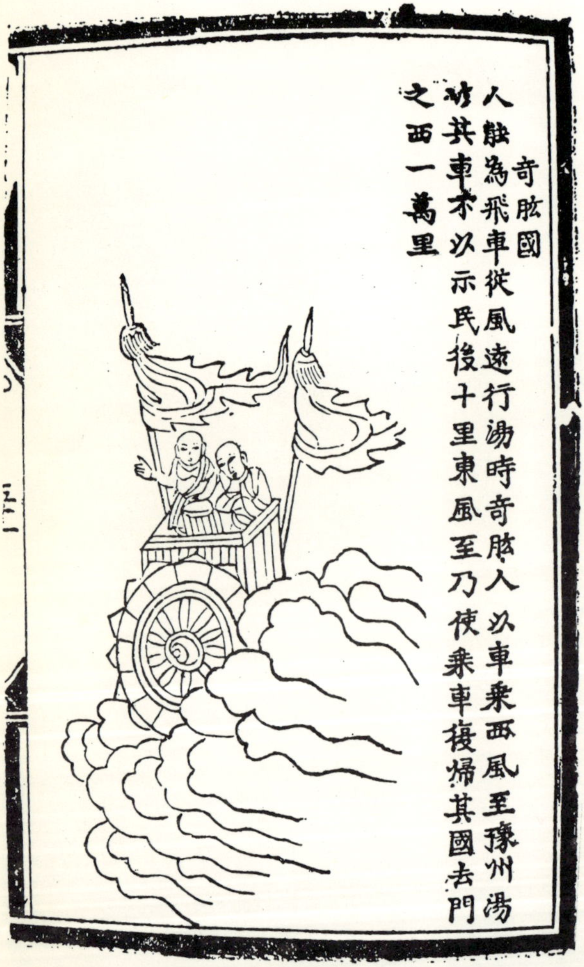

奇肱國人骶為飛車從風遠行湯時奇肱人以車乘西風至豫州湯功其車齐以示民後十里東風至乃使乘車複歸其國去門之西一萬里

Oben: Die Nachbildu[ng]
einer Steingravierung a[us]
einem Grab in der chine[si]
schen Provinz Shantu[ng]
Die Darstellung zeigt ein[en]
der legendären „Drache[n]
wagen", hoch über d[en]
Wolken fliegend. Das O[ri]
ginal stammt aus dem Ja[hr]
147 v. Chr.

Links: Das sind [die]
„fliegenden Wagen" der [sa]
genhaften Chi-Kung, wie [sie]
in einer chinesischen [En]
zyklopädie abgebildet w[or]
den sind.

Eine weitere Darstellung jener prähistorischen Luftfahrzeuge, überliefert auf einem chinesischen Gemälde aus dem Mittelalter.

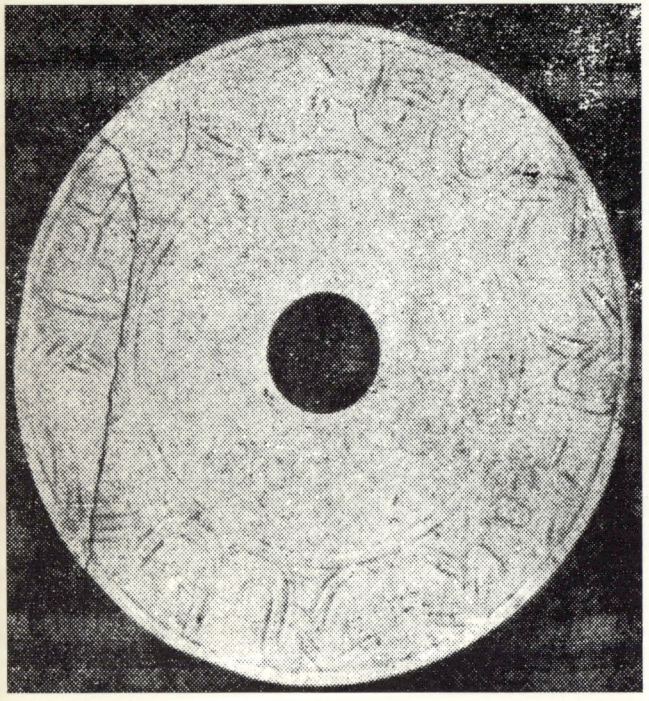

Oben: Nach dem Mo-
dell dieser altchinesischen
Dschunke wird jenes Boot
gebaut, das den Hobby-
Historiker Knöbl von Kan-
ton bis nach Esmeralda,
11 000 Seemeilen über den
Pazifischen Ozean, tragen
soll.

Links: Einer der 716
Steinteller aus dem chinesisch-tibetischen Gebirgs-
massiv von Bayan-Kara-
Ula.

XIII

Ich erwähnte bereits, daß der Ursprung der Thai im ungewissen liegt. Auffallend ist nun der Hang dieses alten chinesischen Volkes zu Phallussymbolen, die sich in Form von Megalithsteinen als Sinnbilder des Erdengottes äußern. Die Thai nennen sie „Tsu", was so viel heißt wie „Ahn".

Karl F. Kohlenberg kommt in seinem Buch „Enträtselte Vorzeit" in diesem Zusammenhang zu einem phantastischen Schluß, der natürlich nur im Rahmen einer auch von uns vertretenen Hypothese bestehen kann:

„... Ursprünglich galt dieser Gott (nämlich Tsu. Anm. d. Verf.) als Beschirmer der Reisenden, was die eigentliche Bedeutung des Idols ahnen läßt und auch seine Metonymie zum Transportmittel für die Seelen Verstorbener erklärt. Überhaupt sind solche Symbole mit überall gleichem Sinngehalt in China häufig; selbst die Ainu von Hokkaido und Sachalin errichten phallische Steine auf ihren Gräbern.

Die kausalen Zusammenhänge verkennend, haben Ethnologen und Philologen dieses Symbol auf einen uralten Fruchtbarkeitskult zurückgeführt, indem sie sich auf das urälteste Bild dieser Art berufen, nämlich auf das der Weltmutter Cybele, die später auch Aphrodite hieß, aber niemand anderer ist als unsere „von weit her" stammende Eurynome. Es handelt sich hierbei um einen großen, rohen Stein, dem erst spätere, in Unwissenheit versunkene Geschlechter einen phallischen Charakter beilegten, eine Entartungserscheinung, die mit der Erniedrigung der großen Muttergöttin des Mittelmeerraums und Vorderasiens sowie auch mit der Profanierung Ega sourounams zum Lingam in der Yoni Hand in Hand geht. Im Sanskrit bedeutet Lingam soviel wie

„Kennzeichen"; erst später verstanden die Inder darunter das männliche Glied, während zugleich aber auch Shivas Raumschiff so benannt wurde, was zu höchst abstrakten Ideenverbindungen zwischen dem Bilde vom vernichtend niederfahrenden Gott und dem animalischen Zeugungsakt führt . . ."

In den Mythen der Thai wimmelt es nur so von ungewöhnlichen „Fabelwesen", die allerdings nur mühsam als reine Phantasiegebilde angesehen werden können. Da stoßen wir zum Beispiel auf die doppelköpfige Himmelsschlange Tien-she, vor der nicht nur die Thai, sondern auch andere chinesische Völker in Furcht erstarrten. Die Himmelsschlange verfinsterte den Himmel; dort wo sie ihre Bahn zog, wurde den Menschen unter ihr das Atmen fast unmöglich. Ständig rieselte von ihrer Hülle weißer Staub zur Erde, führte nicht nur zu Atembeschwerden, sondern verursachte auch einen unheilbaren Ausschlag, der die Kräfte der Menschen verzehrte, bis sie elendiglich dahinstarben. Der weiße Staub der Tien-she erstickte aber auch alle Pflanzen und kleineren Tiere.
Manches an dieser Schilderung erinnert heute an die verheerende Wirkung einer atomaren Strahlung. Zweifellos wurden beim Erscheinen der angeblichen „Schlange" Menschen, Tiere und die Natur verseucht.

Es ist bemerkenswert, daß sich die Erinnerung an die Tien-She nicht nur bei den Chinesen, sondern auch bei den Sumerern, Persern, Indern, Germanen, Peruanern, Maya, Azteken und Algonkin wiederfindet.
Offen bleibt, ob es sich bei diesem unheilvollen Phänomen um eine weltweite Atomkatastrophe oder ein ebenso grauenhaftes Naturereignis gehandelt hat. Abgesehen von der Himmelsschlange lesen wir in den Thai-Legenden von offensichtlich mechanischen Fortbewegungsmitteln wie den nur nachts herumfliegenden „Geisterwagen", der auch als Vogel (Hsiu-liu) beziehungsweise Eule (Ch'ih-ksiaou) bezeichnet wird. Die Beschreibung dieses „Geisterwagens" klingt natürlich ziemlich eigenartig, denn wie soll sich ein technisch versierter Mensch des 20. Jahrhunderts ein Flugzeug vorstellen, das — laut Sage — aus neun Köp-

fen und einem Leib bestand? Oder etwa die „Eule": Ihr werden zwar nur ein Kopf, dafür aber gleich drei Körper zugeschrieben.

Nun, wir wissen zu gut, was ein erschreckendes Erlebnis bei manchen Menschen bewirken kann. Wessen Phantasie ausreicht, der möge sich obendrein noch in die Lage eines ahnungslosen Erdenbürgers versetzen, der unvermittelt — und das vor einigen tausend Jahren und auch noch nachts — mit einem seltsamen, lichtumfluteten „Ding" konfrontiert wird, das mit „hohlem Sausen" (so berichtet es die Thai-Sage) über den Himmel zieht. Daß solchem Bedauernswerten die Phantasie „durchgeht", ist kaum verwunderlich. Für jenen Stammesangehörigen der Thai gab es ja keine vergleichbare Parallele, und so flüchtete er sich in seiner späteren Darstellung des Gesehenen in jenen Bereich, der ihm noch einigermaßen geheuer schien: Er verglich das Ding mit einem Vogel, einer Eule.

Noch heute kann man auf den Dächern der Thai-Häuser das Bild von solchen Eulen erblicken, dazu angebracht, um vor Blitzschlag zu schützen. Daß es sich aber dabei in keinem Fall um ein wirkliches Tier gehandelt haben kann, geht aus der nebenher gültigen Bezeichnung der Thai für das rätselhafte Himmelsfahrzeug — „fliegender Geisterwagen" — deutlich hervor.

Geisterwagen, das scheint uns die hilflose Beschreibung einer Beobachtung zu sein, die damals nicht deutbar war. Nach den heutigen Kenntnissen scheint es fast gewiß: Chinas Vorfahren wurden mit Luftschiffen konfrontiert. Mit den fliegenden Wagen der „gelben Götter".
Diese Götter hatten ihr Domizil vorzugsweise auf dem Berg San-wei, denn die Thai-Legende berichtet vielsagend: „Geisterwagen und Eule wohnten im Westen auf dem San-wei Berg. Sein Nahen wurde durch hohles Sausen angekündigt."

Überhaupt spielen in Chinas Mythenschatz Fluggeräte (die als „Vögel" verkannt wurden) eine große Rolle. So begegnet uns in der Yao-Kultur der Rabe mit dem klingenden Beinamen „Vogel der Sonne"; die Elster gilt als „Göttermädchen" und Sinnbild einer der Himmelsjungfrauen. Und die Schwanenjungfrauenmythe der Yang-hsin erzählt folgendes: Einst heiratete ein Mann eine vogelgestaltige Himmelsfrau. Das Paar bekam zwei Töchter, doch das Ende war für den Mann eher schmerzlich. Als die Kinder erwachsen waren, gab ihnen die Mutter Vogelkleider und flog mit ihnen zum Himmel. Wenn diese Sage auch nur ein Körnchen Wahrheit enthält, dann ereignete sich in dieser Tragödie ein technisch erklärbarer Vorgang. Bei dem „Vogelkleid" handelte es sich demnach um eine Flugvorrichtung, deren Mechanismus uns allerdings fremd ist.

In den Provinzen Shensi und Shansi, berichtet Prof. Eberhard in seinem Buch „Monumenta Serica", kursieren die verschiedensten Mythen über angebliche Vogelbarbaren, die aber als Götter gefürchtet wurden. Übereinstimmend wissen die Berichte, daß jene Götter Vogelkleider trugen und in östlicher Richtung hausten. Es werden sogar Details angegeben: So sei der mythische Städtebauer Kun auf den „Flügelberg" in Südwestshansi verbannt worden, wo sich fallweise auch die geflügelten Götter versammelt hätten.

Über den „Vogel der Sonne", wie der dreibeinige (!) chinesische Donnerrabe genannt wird, wurde schon kurz berichtet. Die Thai wissen aber auch von dem Wundervogel Chung-ming zu erzählen, dessen Name „doppeltes Licht" bedeutet. Nach der Legende der Alten glich er einem Hahn, kreischte wie der Vogel Phönix und kam von der Sonne her zur Erde. Es ist bezeichnend, daß dieses „Tier" als dreibeinig beschrieben wird, was anatomisch unmöglich wäre. Nicht unmöglich aber ist seine Darstellung, sieht man in dem Donnerraben eine Art vorzeitliches Flugzeug. Er war, detailliert die Thai-Legende, auf dem K'un-lun zu Hause, wo er der tigergesichtigen Göttin Hsi-wang-mu als „Privatmaschine" zur Verfügung stand. Die Sage berichtet, daß jene Göttin auf diesem Gebirge den Lebenstrank bewachte und durch ihre Aufgabe derart überlastet war, daß ihr sogar Speise und Trank per „Donnerrabe" gebracht werden mußte. Vielleicht handelte es sich dabei um ein strategisch wichtiges Nachschublager der „gelben Götter", das ständig unter Aufsicht stand.

Die Thai übermittelten uns in ihren Überlieferungen auch das Aussehen des „Donnergottes" mit rotem Haar und zwei Hörnern. Er fuhr — standesgemäß — mit einem Donnerwagen über den Himmel, und wer wieder einmal im Symbolismus seelischen Halt sucht, dem muß diese Hoffnung genommen werden. Denn die Sage gibt kund, daß im Bezirk Yen-ling-hsien einstmals ein derartiger Donnerwagen unter lautem Getöse in einem Flammenmeer vom Himmel stürzte und sich aus den Trümmern nicht mehr zu erheben vermochte. Gleiches widerfuhr einem Fluggerät in der Nähe von Hsou-an-chou. Das Aussehen beider Maschinen wird folgendermaßen beschrieben: Schwarze Fläche, Eberkopf, Hörner, Fledermausflügel, einen Pantherschweif sowie je zwei Krallenzehen an Füßen und Händen. Wer Vergleiche zieht, wird unwillkürlich an herkömmliche Flugzeugkatastrophen erinnert.

In seinem Buch „Als die Götter zahlreich waren" vermittelt uns Bernhard Jacoby eine wesensgleiche Totemsage der Shang, die er dem chinesischen Shi-ching, dem „Buch der Lieder" entnommen hat. Sie ist darin in Form eines Gedichtes enthalten, wie es wohl beim Ahnenopfer gesungen oder rezitiert wurde. Die Dynastie der Shang war mit großer Wahrscheinlichkeit in der Provinz Anhul beheimatet und vermutlich tungusischen Ursprungs. Seltsam an der Sage ist ihre Aussage, wonach die Shang von einer Schwalbe abstammen sollen. Hier die wörtliche Wiedergabe: „Der Auftrag des Himmels ging an die Schwalbe, herabzusteigen, Shang zu erschaffen. Im Lande der Yin wohnten die Nachkommen, und groß wurden sie. Und Gott hieß in alter Zeit den kriegerischen Tang, die Grenzen in allen Teilen des Reiches zu beschirmen . . ."

In populären Abhandlungen über die wesentlichen Merkmale des chinesischen Volkes läßt man das Totem, in dem gleichzeitig der Urahne der Familie gesehen wird, nur in Tiergestalt gelten. Demnach stellten sich die Gläubigen auch die Seele als Tier vor. Auch Bernhard Jacoby verfällt dieser Annahme. Er sieht einen Nachklang dieser Vorstellung in vielen chinesischen Märchen und nennt Beispiele: So erscheinen einmal die Seelen der toten

Herrscher als Schlangen. Auf Bronzegefäßen sei der menschliche Ahne in der Umarmung einer Tigerin dargestellt, was wiederum als Sinnbild des Totems betrachtet werden könne.

In einem Königsgrab wiederum, schreibt Jacoby, sei die Steinfigur eines Menschen mit Tigerkopf und Tigerkrallen gefunden worden. Diesmal tippt der Autor auf Yu, den mythischen Ahnen der den Shang vorausgegangenen Hsia-Dynastie, dem der Legende nach eine Tigerschnauze zugeschrieben wird. Wenn man nicht davon ausgeht, daß sich der mysteriöse Yu einen Tigerkopf über sein Haupt gestülpt habe — was allerdings schlüssig begründet werden müßte — so ist immerhin auch die Möglichkeit gegeben, daß dieses Wesen tatsächlich oder zumindest so ähnlich aussah, wie es als Steinfigur dargestellt worden war. Nämlich von fremdartigem Aussehen, oder aber — mit einer Art Raumfahrerhelm bekleidet, der die naiven Beobachter damaliger Zeiten an das Aussehen eines Tigerkopfes erinnerte.

„Im selben Grab", berichtet Jacoby weiter, „fand sich eine Eule aus Kalkstein. Wie bei uns ist auch in China mit diesem Nachtvogel etwas Unheimliches verbunden; doch berichtet ein chinesischer Schriftsteller des dritten Jahrhunderts v. Chr., eine Eule sei auf das Banner der Shang gestickt gewesen. Dieser Nachtvogel war also das Wappentier der Shang . . ."
Selbst dem nüchtern beschreibenden Bernhard Jacoby fällt bei seinen Deutungsversuchen Verschiedenes auf. „Sehr oft", bemerkt der Autor, „erscheint eine Tiermaske, Tao-tieh, die Elemente des Tigerkopfes mit dem Gehörn der Bergziege vereinigt. Diese Maske sollte Macht ausdrücken. Vielleicht sollte die fletschende Tiermaske auch böse Mächte vom Opfer verscheuchen . . ."

Die Annahme, daß selbst die Chinesen von heute keine Beziehung mehr zum Glauben ihrer Ahnen finden, ist nicht nur interessant, sondern zweifellos richtig. Wer aber waren nun diese „Dämonen" und wie kam es zu der ansonsten unsinnigen Kombination eines Tigerkopfes mit dem Gehörn einer Bergziege? Doch nur durch eine offensichtliche Fehldeutung eines tatsächlichen Geschehens. Wem standen die „Ur-Berichterstatter" seinerzeit gegenüber? Den „gelben Göttern"?

Doch nicht nur „Vögel" und „Raubtiere" begegnen uns in den Legenden. Auch zu Wasser war allerhand los. Den Sagen der Thai zufolge gab es in der Urzeit „kupferne Schiffe". In den Erzählungen der Miaou hören wir von zwei Menschenpaaren, die sich, ehe noch die große Flut hereinbrach, in je eine aus Metall gemachte Trommel flüchteten und darin einschlossen. Bei einer dieser Trommeln trat jedoch ein Leck auf, und die beiden Passagiere gingen hilflos unter.
Die Sagen von den ominösen Kupferschiffen sind vor allem in Südchina und Annam verbreitet. Dort werden sie zuweilen als Werk des mythischen Kriegsherrn Ma Yüan bezeichnet. Es heißt, Ma Yüan habe auch die ersten Bronzesäulen errichten lassen, fünf davon im annamitischen Lin-i.

Doch nicht nur kupferne Schiffe werden erwähnt. In einer anderen Sage wird uns von einem Kampf zwischen dem Donnergott und einem „Riesenfisch" bei Lei-chou berichtet. Dieses Monstrum ist identisch mit dem in den Thai-Mythen stets wiederkehrenden metallenen Fisch Ao der Yüeh-Kultur. Die Beschreibung seines Aussehens erinnert uns — phantasievolle Ausschmückung hiebei ausgeklammert — an herkömmliche Kriegsschiffe. Der metallene Riesenfisch soll wie ein Drache ausgesehen haben und „fraß Feuer". Sein Auftauchen war mit jenem der Seefahrtsgöttin Kuan-yin gleichbedeutend. Merkwürdig auch die Schilderung des Seegefechts zwischen Ao und dem Donnergott. Dieser „Himmlische" attackierte den Metallkoloß in einem „Geisterwagen", den wir — wie schon vorher beschrieben — als Flugmaschine bezeichnen können.

Zu Wasser begegnet uns in den Legenden der Thai noch ein weiteres „Tier", das aber, liest man seine Beschreibung, ganz sicherlich keines war. Im Flusse I lebte, wird erzählt, die „dreibeinige Schildkröte" Nai. Sie soll einst die auf ehernen Tafeln (auch Lo-Tafeln genannt) eingegrabenen „ewigen Gesetze" gebracht haben.

Offensichtlich eine schwimmende Seestation der Außerirdischen, auf der verschiedene technische Geräte deponiert worden waren. Ein weiteres amphibisches Transportmittel, das auf See vernichtende Kampfkraft erreichen konnte, war Chiao, in den Sagen der Thai auch der „Schlangendrache" genannt.

Und schon sind wir abermals bei jenem angeblichen Ungeheuer, das in Chinas Mythen ohne Unterschied von Volk und Kultur die zweifellos tragende Rolle spielt: der „Drache". Das Drachensymbol findet sich heute noch auf oder in fast jedem wichtigeren Gebäude des neuzeitlichen chinesischen Imperiums. Auch Maos alles überschwemmende und niederreißende Kulturrevolution, der viele unersetzliche Güter von historischem Wert zum Opfer gefallen sind, konnte dieses traditionsverknüpfte Wahrzeichen aus der Prähistorie Chinas nicht ausradieren.
Der Drache als Wappentier zierte oftmals, wie aus Funden hervorgeht, die Streitwägen der Feudalherren und symbolisierte offenbar deren verwegenen Kampfesmut. In anderen Fällen verkörperte er auch den Regengeist und galt bei den Gläubigen als der „Sammler der Wolken", ein geheiligtes Symbol des Ostens. Die Menschen früherer Zeiten glaubten fest daran, daß das Wohlwollen des Drachens oder auch sein Zorn ausschlaggebend sei, ob die Ernte gut oder schlecht ausfallen würde.

Die Mythe berichtet in diesem Zusammenhang auch über Yü, den großen göttlichen Baumeister zur Regierungszeit von Chinas legendärem Urkaiser Yao, und dessen verschiedentliches Zusammentreffen mit drachenartigen Untieren. „Als die Wasser zum Himmel schwollen", heißt es da, „und die Schlangen und Drachen Unheil anrichteten, sandte Yao den Yü, auf daß er die Fluten beherrsche und die Drachen und Schlangen vertreibe. Die Fluten unterwarfen sich und flossen nach Osten. Die Schlangen und Drachen kehrten an ihren Ort in der Tiefe zurück."

Eine andere Stelle geht auf dieses Geschehen näher ein. Zunächst sei es Yü, dem göttlichen Baumeister, gelungen, am Nordende des K'un-lun-Gebirges einen riesenhaften „neunköpfigen Drachen" unschädlich zu machen. Dieses grausige Wesen, seines Aussehens wegen auch als dunkelroter Fackeldrache apostrophiert, hauste in der nordwestlichen Wüste Chinas. Sein Atem allein genügte schon, um Stürme und Regen auszulösen. Überdies machte es ihm keine Mühe, das Land in sumpfiges Terrain zu verwandeln und verheerenden Schaden anzurichten. Nach seinem großen Sieg soll Yü auf jenem Fleck Erde, der einst von dem Fackeldrachen „verunsichert" worden war, das Königreich Hsia errichtet haben. Für diese Dynastie, deren Existenz um 2000 v. Chr. zwar nicht erwiesen, aber nicht unwahrscheinlich ist, gibt es heute weder archäologische noch historische Beweise. Yü selbst wird in den Überlieferungen als wahrer „Sohn des Himmels" verehrt, einst von einer Jungfrau nach dem Genuß von Samen geboren, die uns als „Hiobstränen" geläufig sind und den heiligen Samen des Himmelsgottes enthalten haben sollen. Dieser Himmelsgott gab der Sage nach den Thron an seinen Sohn weiter und wurde damit zum Begründer der ersten Erbdynastie wirklicher Menschen.

Die von uns wiedergegebene Schilderung von Yü's Kampf mit dem Drachen will der Ethnologe Kohlenberg als weiteren Beweis urkosmonautischer Theorien gedeutet wissen. In seinem Buch „Enträtselte Vorzeit" kommentiert er unter anderem: „Diese Erzählung ist nun nicht eine Erinnerung an den Kampf des Urmenschen gegen die Ungeheuer, sondern eine Episode des Götterkrieges; verständlich wird sie erst, wenn wir erfahren haben, was unter der Bezeichnung „Drache" bei den Chinesen zu verstehen ist. Auf dem Berg Sanwei im Westen des Landes befand sich ein Flugplatz für die ‚Geisterwagen' ..."
Kohlenberg sieht darin die wahre Identität der vorgeblichen Drachen, eine Argumentation, die viel für sich hat.
Die Sage von Yü's Kampf mit dem Koloß gewinnt an Bedeutung, wenn wir auch einem Detail am Rande die nötige Beachtung schenken. Es wird nämlich angegeben, daß der göttliche Baumeister bevor er den Fackeldrachen vernichtete, zunächst einen See künstlich angelegt habe und darin einen Turm errichtete. Von diesem Bauwerk aus sei es Yü möglich gewesen, die Bewegungen des Drachen am Himmel genau zu beobachten und sich darauf strategisch einzustellen.

137

Erinnert uns das nicht ein bißchen an die Vorbereitungen der Flak, ehe das feindliche Flugzeug zum Absturz gebracht werden kann?

Möglicherweise war der tüchtige Baumeister Yü auch der Erfinder jener mysteriösen „fliegenden Glocken", von denen es in den im Yüeh-Gebiet kursierenden Legenden nur so wimmelt. Diese glockenähnlichen Fluggeräte — sie lassen uns unwillkürlich an UFOs denken — hatten die Fähigkeit, auf geheimnisvolle Weise aufzutauchen und dann wieder zu verschwinden. Zweifellos sind diese Erzählungen uralt. Die Existenz von Glocken ist nämlich schon lange vor dem Auftauchen des Buddhismus und des Christentums erwiesen.

In diesem Zusammenhang ist es notwendig, ein paar Sätze über das mächtige K'un-lun-Gebirge zu schreiben, das im Zusammenhang mit den Göttermythen Chinas immer wieder Erwähnung findet. Die seltsamsten Gerüchte kreisten um dessen sagenhaften Gipfel. Der K'un-lun galt als Quellgebiet des Gelben Flusses, außerdem auch als Ausgangspunkt der vier nach den Haupthimmelsrichtungen fließenden Ströme. Sein Ansehen war groß, doch der Respekt vor diesem Gebirge noch größer: Der K'un-lun war für damalige Verhältnisse kaum zu besteigen. Die Sage berichtet, daß dies in erster Linie jenem Wasser zuzuschreiben war, das das Gebirge ringsum umfloß. Es wird behauptet, das Wasser sei so dünn gewesen, daß selbst eine Feder darauf nicht hätte schwimmen können. Eine andere Version will wiederum wissen, daß der Genuß dieses Wassers dem Trinker die Unsterblichkeit garantierte.
Das K'un-lun-Gebirge ist überaus hoch, der sagenhafte Berggipfel aber soll sogar bis zum Himmel gereicht haben. Nicht nur das, seine Felsen ragten angeblich ebenso tief in die Erde hinein.

Der K'un-lun wurde als irdisches Heim des Himmelsherrn angesehen und war außerdem von zahlreichen geheimnisvollen Tieren und Gottheiten bewohnt. Sie alle standen unter dem Befehl einer tigerartigen Göttin mit Menschenantlitz und vier Schwänzen. Ziegenähnliche Geschöpfe mit vier Hörnern nährten sich von Menschenfleisch; ein Tiger mit neun Menschenköpfen bewachte das nach Osten gerichtete Tor des Lichts. Dort lebten Vögel, die nur auf die Befehle des Himmelsherrn reagierten.

Es bleibt dem Leser unbenommen, die seltsamen Schilderungen ins Reich der Fabel zu verweisen. Uns hingegen scheint dies eher unwahrscheinlich. Sollten solche Erzählungen grundlos in der Phantasie des Menschen entstanden sein? Waren die Besitztümer der „gelben Götter" vielleicht von Robotern bewacht?

Bleiben wir noch ein bißchen beim Sagengut des K'un-lun. Auf den Hängen dieses Riesengebirges hauste angeblich auch der „Herr des Regens". Interessant ist seine Beschreibung: Bekleidet mit einem gelben Schuppenpanzer, war sein Haupt von einer gelb-blauen Kopfbedeckung geschützt. Erinnert das nicht an eine Schutzausrüstung? Die bekannteste Gottheit, die auf dem K'un-lun residiert haben soll, war Hsi Wang Mu. Man nannte sie die „Königliche Mutter des Westlichen Paradieses". Ihr Heim lag auf einem Jadeberg im Norden des K'un-lun. Ihre Beschreibung ist nicht einheitlich. Ursprünglich war sie ein beängstigendes Wesen mit Menschengesicht, Tigerzähnen und dem Schwanz eines Leoparden. Sie lebte in einer Höhle und wurde von drei dreibeinigen grünen Vögeln mit Nahrung versorgt. In der späteren taoistischen Literatur und im Volksglauben wurde Hsi Wang Mu zur Wächterin über das Kraut der Unsterblichkeit — und ein anmutiges Wesen.

Es muß Gründe dafür gegeben haben, daß die Legende darauf beharrt, jene Vögel seien grün gewesen und auf drei Beinen gestanden. Dies als mutwillige Phantasie zu bezeichnen, kann kaum überzeugen. Schon eher der Einwurf, damalige Beobachter hätte der ungewohnte Anblick eines solchen „Vogels" (der ja keiner war) verblüfft. Da man zu jeder Zeit unerklärbare Dinge in geläufigen Gedankengängen beschrieb, war also in diesem Fall der „Vogel" das naheliegendste Vergleichssymbol.

Sowohl die Göttin Hsi Wang Mu als auch die Berge von K'un-lun spielen in den chinesischen Legenden eine nicht unerhebliche Rolle. In verschiedenen Episoden findet beides ausdrücklich Erwähnung. So soll Hsi Wang Mu in einem entlegenen Tal des Gebirges gelebt haben, das (wie von chinesischen Mönchen beteuert wurde) von „unsagbarer Schönheit" war. Dieses Tal war nur wenigen Bergführern bekannt und daher von keinem neugierigen Reisenden ohne deren Hilfe zu entdecken. In diesem Tal wohnte die „Göttin des Westens", wie Hsi Wang Mu genannt wurde, inmitten einer Schar von gelehrten Männern. Ausdrücklich betont die taoistische Überlieferung, daß die schöne Göttin keineswegs ein ätherisches Wesen gewesen sei. Hsi Wang Mu wird als sterbliche Frau beschrieben, viele tausend Jahre alt. Erst nachdem sie „die göttlichen Eigenschaften" erworben habe, wären die Berge von K'un-lun ihr eigentlicher Wohnsitz geworden.

Lao Tse, Begründer der taoistischen Religion im 6. Jahrhundert vor Christus, soll das Unglaubliche gelungen sein, die Heimstätte der geheimnisvollen Göttin nach mühevollem Weg aufzuspüren. Er sei einer der wenigen Auserwählten gewesen, denen es gestattet wurde, vor das Angesicht von Hsi Wang Mu treten zu dürfen.

Vatikanische Archive bergen neben zahlreichen wertvollen Berichten auch solche, wie sie von Missionaren aus dem 19. Jahrhundert verfaßt wurden. Demnach sollen verschiedene chinesische Kaiser in Krisenzeiten Gesandte zu den „Geistern der Berge" geschickt haben, um deren Rat zu erbitten. Der genaue Ort kann anhand der vagen Beschreibung nur vermutet werden. Dabei stehen drei Riesengebirge in engerer Wahl: K'un-lun, Chang Tang oder der Himalaya. In jenen Berichten versichern die Autoren, katholische Geistliche, übereinstimmend, die chinesischen Weisen glaubten an übermenschliche Wesen, die in unzugänglichen Gegenden Chinas hausen sollen. Die ungefähren Angaben erlauben uns die Vermutung, daß es sich bei den geheimnisvollen Fremden um nichtirdische Wesen gehandelt haben könnte.

XIV. ALS DIE GELBEN GÖTTER KAMEN

Die seltsamen Verwandlungen des Windgottes Yü-ch
iang — Der mythische Vogel Hun-tun glich einem gelben Beutel — Kamen die Ahnen der Liao-Häuptlingsfamilien in rotgoldenen Eiern auf die Erde? — Am
Beispiel Heinrich Schliemanns — Was Menschen von
den Göttern lernten — Der „Donnerer" und seine
Trommel — In Panikstimmung philosophiert man nicht.

XIV

Es besteht längst kein Zweifel mehr: Im Laufe von Jahrtausenden sind die uralten Sagentexte nicht unverfälscht erhalten geblieben. Sie wurden vielfach „bearbeitet", in Inhalt und Aussage der jeweiligen Zeitmeinung angepaßt. An uns liegt es jetzt, aus den verbliebenen Restbeständen das eigentliche Geschehen herauszuschälen, wie den Kern aus dem Gehäuse des Apfels. Dieser Vergleich läßt sich noch ergänzen: In vielen dieser „Äpfel" sitzt der „Wurm". Nämlich das Unverständnis verschiedener Mythenforscher, die anstatt Allegorisches zu entwirren zu noch schwierigeren Gleichungen flüchten.

Dabei würde es genügen, eins und eins zu addieren. Auf unserer Wanderung durch die mythische Welt der Chinesen begegnen wir seltsamen Wesen mit Eigenschaften und Fähigkeiten, wie sie gerade heute ohne besondere Mühe einzureihen sind. Wir lesen von Geschehnissen, die mit „moderner Brille" besehen, kaum noch mythisch, sondern sehr zeitgemäß wirken. Es verwundert also nicht, daß mechanische Hilfsmittel in mythischen Texten zu Göttern umgewandelt wurden. Im klassischen „Shan-haiching", dem Berg- und Flußbuch der Chinesen, werden zum Beispiel zwei Erscheinungen beschrieben. Einmal ist es ein „Windgott", dann der Vogel Hun-tun.

Jener Windgott, Yü-ch iang, sah aus wie ein Vogel mit einem Menschengesicht. Um seine Füße züngelten grüne Schlangen. Merkwürdig auch, daß Yü-ch iang sein Aussehen nach Belieben verändern konnte. So tritt er auch als Fisch mit Menschenhänden und -füßen in Erscheinung und bediente sich zweier Drachen, auf denen er durch die Lüfte ritt. In einer anderen Sagenversion ist Yü-ch iang mit dem nördlichen Riesenwal „kun" identisch, den man nicht erzürnen durfte. In solchen Fällen verwandelte er sich nämlich in einen Riesenvogel — p'eng — und stieg aus dem Meer zum Himmel auf. Dabei soll er ungeheure Wellen geschlagen haben.

Das Auftauchen des wandlungsfähigen p'eng hinterließ offensichtlich starken Eindruck. Sein Rücken soll dem heiligen Berg T'ai Shan geglichen haben, „und seine Flügel waren wie die Wolken des Himmelsrunds". Flog er nach Süden, „schlug er zuerst dreitausend li weit das Wasser mit seinen Flügeln; dann stieg er auf einem Wirbelwind wie auf den Wirbeln eines Ziegenhorns neunzigtausend li hoch, bis er, weit entfernt von den Wolkendämpfen, den blauen Himmel auf seinem Rücken trug . . ."

Läßt man sich von der poetischen Ausschmückung des Inhalts nicht ablenken, so ist denkbar, daß es sich um ein Allround-Gerät, das sowohl auf (vielleicht auch unter) dem Wasser, aber auch im Luftraum eingesetzt werden konnte, handeln kann. Die letzte Passage läßt ebenso an seine Verwendbarkeit als Raumschiff denken. Kein Wunder, daß jenes unheimliche Gefährt für die Beobachter damaliger Tage kurzweg zum „Windgott" avancierte. Verblüffte doch die atemberaubende Gechwindigkeit dieser rätselhaften Erscheinung, imponierten ferner „p'engs" an das Unglaubliche grenzende Fähigkeiten, die als „göttlich" angesehen wurden.

Auch die Beschreibung des mythischen Vogels Hun-tun im klassischen Buch der Berge und Flüsse ist einigermaßen verwunderlich. Zunächst bleibt offen, ob Hun-tun der Name des Vogels war oder aber seinem offensichtlichen Besitzer, dem Sohn des „Gelben Kaisers", zugeschrieben werden muß.
Schon bei der Beschreibung des Vogels finden wir Divergenzen. Das „Shan-hai-ching" beschreibt das vermeintliche Tier, es habe einem „gelben Beutel" geglichen, gibt dann aber eine wesentlich andere Darstellung: Hun-tun, der mythische Vogel, war feuer-

rot, mit sechs Füßen, vier Flügeln, doch ohne Gesicht. Außerdem konnte er „tanzen" und „singen". Der ungewöhnliche Vogel lebte, nach Angaben chinesischer Legenden, auf dem „Berg des Himmels", auf dem es Erz und Jade in reicher Menge gegeben haben soll. Dort wohnte der Sage nach auch der oberste Herrscher, Vater des Vogelbesitzers Hun-tun: der „Gelbe Kaiser".

Noch detailliertere Überlieferungen hat uns die Liao-Kultur zugänglich gemacht: Demnach sei unsere Welt ursprünglich aus einem Ei hervorgegangen. Die ersten Menschen und nach ihnen die Ahnen der Liao-Häuptlingsfamilien, sollen in „rotgoldenen Eiern" auf die Erde herabgekommen sein, diese Eier hätten „großen gelben Säcken" geglichen und werden in Form und Aussehen einheitlich beschrieben: Sechs Füße, vier Flügel „ähnlich einer Fledermaus", keine Augen, kein Gesicht. Auch sie konnten „tanzen" und „singen".
In die Jetztzeit übertragen heißt dies wohl: Bei dem Göttervogel handelte es sich um eine Art Helikopter, vielleicht auch um einen Raumgleiter.

Die Verquickung von Mensch und Tier und die damit verbundene Zusammenfassung des Namens Hun-tun dürfte sich zwangsläufig ergeben haben: Hun-tun, Sohn des „Gelben Kaisers", steuerte seine fliegende Maschine eigenhändig und dort, wo das „fledermausartige" Flügelwesen niederging, war selbstverständlich auch sein Pilot, jener Hun-tun, zu finden. Kein Wunder, daß die Beobachter bald eines mit dem anderen zu verknüpfen begannen — was später zu den oben angedeuteten Divergenzen im Inhalt der Überlieferungen führte. Ansonsten führt uns die exakte Beschreibung des künstlichen Himmelsboten zu der Auffassung: Es handelt sich dabei um ein vorgeschichtliches Fluggerät.

Lassen wir, der Vollständigkeit halber, das Aussehen des „großen gelben Sackes" noch einmal Revue passieren: Der „Helikopter" (oder Raumgleiter) hatte „sechs Füße", also Stützen, wie wir sie ähnlich auch bei den Mondlandefähren beobachten können. Bei den „vier Flügeln" dürfte es sich um eine Vorrichtung gehandelt haben, wie sie auch unseren Hubschraubern zu eigen ist: Um vier Rotorblätter.

Bis hierher schon eine interessante Parallele, geradezu verblüffend wirkt aber die Angabe, jene „Vögel" hätten zwar „kein Gesicht" gehabt und „keine Augen", dennoch aber „tanzen" und „singen" können. Tanzen und Singen! Wer einmal das Landemanöver eines Helikopters miterlebt hat, dem sind derartige Vergleiche zuzubilligen. Das „Singen" des Motors, die „tanzenden", schaukelartigen Bewegungen, ehe das Traggestell die Landebahn berührt.

Noch immer glauben verschiedene Wissenschaftler ihrer forschenden Tätigkeit Genüge getan zu haben, wenn sie die Theorie von der einstmaligen Existenz außerirdischer Intelligenzen auf dieser Erde ironisch als Anthropomorphismus bezeichnen. (Anthropomorphismus ist „die Vermenschlichung des Göttlichen".) Es sei lediglich der Wunsch phantasiebegabter Mythenforscher, der Übertragung menschlicher Eigenschaften auf Tiere und Naturkräfte ein spekulatives Mäntelchen umzuhängen — spötteln engstirnig denkende Ethnologen.

Laßt sie spötteln, auch wenn Unlogik ihre Gedanken verwirrt! Warum sollten primitiv denkende Erdenbürger solche philosophische Gedanken gedacht und niedergeschrieben haben? Natürlich — und das wird von uns nicht bezweifelt — spielten die Mächte der Natur, etwa Blitz und Donner, in der Geisteswelt der alten Völker eine wichtige Rolle. Natürlich wurden sie auch zu Göttern erhoben, zu Dämonen oder sonstigen Wesen der Phantasie. Es wäre aber leichtfertig, nunmehr alle uns überkommenen Ereignisse in der Mythologie der Völker auf den gemeinsamen Nenner „Blitz, Donner und Naturgewalten" bringen zu wollen, wie dies von konservativer Seite her gerne geschieht. Vielmehr gilt es, das Material genau zu sichten, zu prüfen und seinem jeweiligen Inhalt nach zu deuten.

Ein geradezu „klassisch" gewordenes Beispiel hat sicherlich viele „Kinder": Ich meine das Schicksal des deutschen Amateurarchäologen Heinrich Schliemann, begeisterter Leser von grie-

chischen Sagen. Schliemann war ein erfolgreicher Geschäfts-
mann, hatte Archäologie nie studiert, beschäftigte sich aber
dennoch mit diesem Fachgebiet. Er war davon überzeugt, daß
das sagenhafte Troja nicht nur in der Phantasiewelt eines Homer
existieren konnte. Die in der Ilias enthaltenen Angaben über
den Standort Trojas ließen Schliemann vielmehr zu der Überzeugung kommen, daß es diese legendäre Stadt tatsächlich gegeben hatte. Verlacht und verhöhnt von der wissenschaftlichen
Welt, setzte der wohlhabende Kaufmann seine gesamten Bar-
mittel ein, um „sein" Troja aus der Erde zu graben. Schliemanns
Ausdauer und Hartnäckigkeit wurden belohnt: Troja wurde dem
Reich der Mythe entrissen, seine Ruinen ans Tageslicht ge-
schaufelt. Die legendäre Stadt war genau an jener Stelle gefunden worden, an der sie Homer in seiner Ilias angegeben hatte. Es
wäre aber subjektiv, hier nun den Anschein zu erwecken, als sei
der „Profi-Wissenschaftler" dem Autodidakten unterlegen. Nicht
jeder Forscher bewegt sich in einer Einbahnstraße, dafür gibt es
genügend Gegenbeispiele. Etwa den Amerikaner Dr. Carl Sagan
und den Sowjetrussen Dr. S. I. Shklovski. Zwei Kapazitäten ihrer
Nation. Zusammen veröffentlichten sie vor Jahren ein Buch mit
dem Titel „Intelligent Life in the Universe" (Intelligentes Leben
im Universum). Darin setzten sich die beiden Raumfahrtspezia-
listen — „etablierte" Professoren — auch mit der Möglichkeit
frühgeschichtlicher Besuche außerirdischer Intelligenzen auf diesem Planeten ausführlich auseinander. Hinzugefügt sei noch,
daß Sagan sowohl als Astronom wie auch als Exobiologe in der
Fachwelt einen guten Ruf zu verlieren hat. Er scheute sich dennoch nicht, ebenso wie sein sowjetischer Kollege, spekulative
Gedanken in die Welt zu setzen.

„Die Erde mag viele Male von verschiedenen galaktischen Zivilisationen besucht worden sein", schreiben die beiden Wissenschaftler in ihrem aufsehenerregenden Werk. „Vielleicht in der
Größenordnung von zehntausend Mal während der gesamten
geologischen Zeit." Das Folgende klingt eher wie die phantastische Überlegung eines Science-Fiction-Autors, wenn es dann
weiter heißt: „Es ist keineswegs ausgeschlossen, daß von diesen
Besuchern her noch Gegenstände und Werkzeuge existieren

oder sogar irgendeine Art interstellarer Landeplatz (möglicherweise automatisch funktionierend) innerhalb des Sonnensystems aufrecht erhalten wird, um nachfolgenden Expeditionen als Ausgangsbasis zu dienen."

Ich habe diese verschiedenen Beispiele deshalb wiedergegeben, um anzuzeigen, wie vielfältig die Möglichkeiten sind, von denen die Sagenwelt profitiert. Mit „Anthropomorphismus", der Vermenschlichung des Göttlichen also, kann die Deutung der Urtexte allein nicht bewältigt werden. Auch die chinesischen Mythen, in denen uns die „gelben Götter" in vielerlei Versionen begegnen, lassen sich nicht generell in eine der Zeitmeinung genehme Schablone pressen.
In diesem Buch wird der Versuch unternommen, eine zwar manchmal phantastisch klingende, aber weitaus logischere Deutung der Existenz von Chinas göttlichen Vorfahren aufzuzeigen. Diese Hypothese steht für sich allein. Parallelen wurden nur aufgezählt, um wissenschaftlich dogmatisierte Behauptungen zu erschüttern, ad absurdum zu führen.

Blättern wir also weiter im Legendenschatz der chinesischen Prähistorie.
Darin finden wir eine Erklärung, wie die alten Völker Chinas die Kunst des Seidenwebens erlernten. Es war der „schlangenleibige" Fu-hsi, der die damaligen Menschen die Seidenraupenzucht gelehrt haben soll. Fu-hsi war nicht irgendwer. Ihn rechnen die Chinesen zum Triumvirat der „Drei Erhabenen". Das waren die göttlichen Urkaiser der gelben Rasse und Fu-hsi war der erste Himmelssohn, der über China geherrscht haben soll.

Nicht nur die Kunst der Seidenraupenzucht wurde Chinas Vorfahren von göttlichen Wesen vermittelt, auch der Ackerbau ist göttlicher Intervention zu verdanken. „Wenn der Ochse nicht vom Himmel gekommen wäre, um den Menschen beim Pflügen zu helfen", heißt es in einer Legende, „wären sie nie imstande gewesen, ausreichend Nahrung zu erzeugen." Die Kunst des Pflügens lernten die Bauern, präzisiert diese Sage, vom „ochsenköpfigen mythischen Kaiser Shen-nung". Doch erst, als der gleichfalls göttliche Kuan Yin „Mitleid mit dem hungernden Volk empfand", seien die vorher „tauben Ähren" erntereif geworden.

Wer waren diese göttlichen Wesen? Irdische Führerpersönlichkeiten — oder außerirdische Besucher? Traditionell argumentierende Ethnologen werden jetzt wahrscheinlich wieder die Paraphrase von personifizierten Naturgewalten als Deutungsergebnis anzubieten haben. Man ist dort offenbar nachlässig genug, sich über die Gedankengänge damaliger Schriftgelehrter hinwegzusetzen, die jene Legenden der Nachwelt übermittelt haben. Betrachten wir einmal die Mythe vom „Donnerer". Nach orthodox-wissenschaftlicher Anschauung handelt es sich dabei um eine uralte Sturmgottheit. Dagegen wäre nichts einzuwenden — gäbe es nicht anderslautende Textfragmente.

„Mensch und Tier", heißt es darin, seien vom „Donnerer" vor sich hergejagt worden. Ursache war das „entsetzenerregende Getöse", das diese vorgebliche Sturmgottheit erzeugt haben soll und so liest man: „... Er erzeugte den Donner, indem er mit einem Hammer auf seine Trommel schlug." Es ist das Stichwort „Trommel", das uns aufhorchen läßt. Ich habe dieses seltsame Fluginstrument im Zusammenhang mit dem Schamanentum schon früher erwähnt. Sollte es sich auch bei der Trommel des „Donnerer" um ein Luftfahrzeug gehandelt haben?
Mancher Ethnologe wird mir hier entrüstet erwidern. Er wird die Frage stellen, warum es sich bei dieser Trommel ausgerechnet um einen tatsächlich existenten Gegenstand gehandelt haben soll? Warum das Wort „Trommel" nicht einfach nur symbolischer Ausdruck jener Alten war, die sich daraus die Ursache des Getöses zu erklären versuchten? Der Einwand ist sicher nicht unberechtigt, ich kann ihn aber als einzige Deutung nicht akzeptieren. Denn, so frage ich zurück, weshalb sollte es ausgerechnet eine Trommel gewesen sein, die den alten chinesischen Schriftgelehrten als einzige Deutung des mysteriösen Himmelsgetöses eingefallen ist?

Ich habe es schon früher gesagt: Die Augen- und Ohrenzeugen damaligen Geschehens waren alles andere als philosophisch bewandert. Sie berichteten nur weiter, was sie gesehen und gehört hatten. Ein Mensch in Panik — und davon spricht die Legende ausdrücklich — hat weder Zeit noch Ursache, sein Schreckenserlebnis allegorisch wiederzugeben. Warum auch? Natürlich ist es möglich (und sogar wahrscheinlich), daß die selbsterlebte Erzählung nicht in allem den Tatsachen entspricht. Es ist ja kein Geheimnis: Schockartiger Einfluß steigert das Geschaute, verzerrt die Größenordnung.

Von dieser Warte aus müssen wir die Mythe vom „Donnerer" betrachten. Stellt sich also die Frage: Wer war dieser „Sturmgott"? Ein Flugzeugpilot? Und wenn ja, woher kam er? Von dieser Erde? Aus China selbst? Von wo sonst? Bauen wir diesen Gedanken noch weiter aus: Blieb der Einfluß der „gelben Götter" auf China beschränkt — oder finden wir ihre Spuren auch anderswo? Etwa in Amerika?

XV. WER ENTDECKTE AMERIKA?

Wer stammt nun von wem ab? — Verblüffende Ähnlichkeit in der Kunst Altchinas und Nordwestamerikas — Jadeschmuck in Olmeken-Gräbern — Gefiederte Schlangen und Drachenmotive auf Chavin-Relikten finden sich ebenso in der Chou-Dynastie — Auch bei der Knotenschrift gibt es Parallelen — Gespräch mit einem der letzten Abenteurer — Mit der altchinesischen Dschunke „Tai Ki" 11 000 Seemeilen über den Pazifischen Ozean — Hobby-Historiker will schlüssigen Beweis für die „Diffusions-Theorie" erbringen.

XV

Sollte der chinesische Einfluß einstmals tatsächlich bis in die
„Neue Welt" gereicht haben? Darüber haben sich schon viele
Autoren die Köpfe zerbrochen. Unzählige Bücher wurden zu diesem Thema geschrieben, verschiedenartigste Hypothesen angeboten. Der endgültige Beweis steht dessen ungeachtet noch aus,
doch ist der Gedanke längst nicht so absurd, wie das mancher
Leser glauben mag.

Wir wollen uns in diesem Kapitel mit einigen solchen Theorien
befassen. Verschiedene Buchauszüge sollen — wertneutral — wiedergegeben werden.
Natürlich werden wir dabei mit den unterschiedlichsten Auffassungen konfrontiert, doch kann nicht bestritten werden, daß an
diesen Vermutungen mehr Wahres enthalten sein dürfte, als gemeinhin angenommen wird.

Gegensätzlicher Ansicht ist zunächst einmal Robert Charroux.
In seinem Buch „Unbekannt — Geheimnisvoll — Phantastisch"
meint er engagiert:

„... Prähistoriker und Ethnologen irrten, als sie die These auf-
stellten, die Urbevölkerung Amerikas stamme von mongolischen
Völkern ab, die in grauer Vorzeit über die vereiste Beringstraße
eingewandert seien. Es gibt nicht den geringsten Beweis für diese
Behauptung. Es sei denn die Tatsache, daß manche Mexikaner
leicht geschlitzte Augen haben, was aber wiederum kein Beweis
ist, denn diese Besonderheit trifft man in vielen Gegenden an,
zum Beispiel auch bei manchen Bretonen, in Limousin und im

Poitou, um nur von Frankreich zu sprechen. Im übrigen könnte man mit weit größerer Berechtigung behaupten, die Chinesen stammten von den amerikanischen Indianern ab, nachdem diese den umgekehrten Weg beschritten hätten (im nordöstlichen Sibirien wurden 1964 indianische Skelette und Schmuckgegenstände gefunden, deren Alter auf mehr als 15 000 Jahre geschätzt wird) ..."

Der deutsche Ethnologe Karl. F. Kohlenberg wiederum entdeckte verschiedene Parallelen in den Überlieferungen des alten Amerika und des alten China. In seinem Buch „Enträtselte Vorzeit" schreibt er darüber: „... In Sumer, wie in China oder bei den Maya, waren es Furcht und Sorge, die den Menschen veranlaßten, den Himmel zu beobachten, die Jahre zu zählen. Wenn man hierbei zu annähernd gleichen Ergebnissen kam, so nur, weil diesen derselbe Wissenskomplex zugrunde lag. Alle Einzelerscheinungen gehen, ohne daß sich eine Verbindung zwischen ihnen feststellen ließe, auf einen gemeinsamen Ausgangspunkt zurück ..."

Damit liegt Kohlenberg ungefähr auf der gleichen Linie wie Professor Eberhard, der in seinen „Beiträgen zur Astronomie der Han-Zeit", 1933 in Potsdam erschienen, zu folgender Auffassung kam: „... Die exakte Übereinstimmung der beiden Ansätze, in China einerseits, in Amerika andererseits, als bloße Parallelenbildung auf Grund der gegebenen natürlichen Bedingungen zu erklären, geht kaum an. Wir sind wohl zu der Folgerung genötigt: Altchinesische und altmittelamerikanische Hochkulturen schöpften aus ein und derselben Quelle! Ob wir dieser Quelle in China näher sind oder in Amerika, ist eine zunächst offene Frage. Doch haben wir zu ihrer Beantwortung zwei Anhalte, für China einen negativen, für Amerika einen positiven. In China läßt sich, soweit bekannt ist, die empirische Grundlage der Periodenkenntnisse nicht nachweisen, ja, es ist zwischen dem Niveau der Astronomie in den Han-Annalen und dem der keine hundert Jahre älteren des Se-ma Ch'ien ein auffällig großer, nicht überbrückbarer Unterschied festzustellen. Die altmittelamerikanische Überlieferung dagegen läßt — so spärlich das von ihr

Erhaltene ist und so wenig vom Erhaltenen bisher der sicheren Deutung zugänglich wurde — mit aller Klarheit die Beobachtungsgrundlagen und die Art ihrer Verarbeitung erkennen ..."

Dr. Ivar Lissner, wohl einer der bekanntesten Sachbuchautoren der Gegenwart (er reiste 17 Jahre lang durch unerforschte Gebiete auf vier Kontinenten, immer auf der Suche nach Überresten alter Hochkulturen), resümiert hingegen in seinem Buch „So habt ihr gelebt": „... Es bestehen Ähnlichkeiten zwischen der Kunst Altchinas und Nordwestamerikas, wie etwa zwischen der Shang-Ikonografie und einigen Symbolen der Maya und der Azteken. Wie aber erklärt sich die zeitliche Lücke von 2000 bis 3000 Jahren, die zwischen der uralten chinesischen Bronzekunst und der Mayakultur aus dem 4. und der aztekischen aus dem 14. Jahrhundert n. Chr. klafft?"

Noch deutlicher glaubt Hans Breuer, Verfasser des Buches „Kolumbus war Chinese", kulturelle Zusammenhänge zwischen den Völkern Chinas und der „Neuen Welt" erkannt zu haben. Die Frage, woher die frühen amerikanischen Hochkulturen gekommen seien, habe Europa ebenso intensiv beschäftigt wie die Kenntnisse, die wir über sie besitzen, schreibt Breuer. Er verweist auf Prof. Walter Krickeberg, einem der besten Kenner der vorkolumbischen Kulturen. „... Scheinbar wurzellos, ohne Vorstufen, erscheinen bereits die ältesten amerikanischen Hochkulturen auf der Szene: In Mesoamerika die olmekische, in den Andenländern die von Chavin. Diese merkwürdige Erscheinung läßt sich vielleicht nur dann befriedigend erklären, wenn man einen oder mehrere Anstöße annimmt, die von außen auf das alte Amerika wirkten. Denn es ist sonst schwer zu verstehen, daß primitive Zustände mit geringen Veränderungen 15 000 bis 20 000 Jahre lang bestehen konnten, um dann 2000 bis 3000 Jahre hindurch einen stürmischen Aufstieg zu erleben und die ganze Stufenfolge bis zur Hochkultur zu durchlaufen. Bei den beiden ältesten amerikanischen Hochkulturen kann nicht einmal davon die Rede sein; sie sind plötzlich da ..." Diese Worte schrieb Prof. Krickeberg in seinem 1966 erschienenen Werk „Altmexikanische Kulturen".

Hans Breuer schließt sich andererseits der Meinung Robert Charroux' an, es gäbe „nicht den geringsten Beweis" für die These, die Urbevölkerung Amerikas, vielleicht „Träger hoher Zivilisationen", sei über die Beringstraße aus Asien eingewandert. Breuer nennt die Gründe, die seiner Ansicht nach solche Spekulationen widerlegen: So sei diese Meeresstraße seit etwa 3000 v. Chr. an ihrer engsten Stelle nicht breiter als 85 Kilometer. Das bedeute ein kaum zu überwindendes Hindernis für eine Völkerwanderung. Schließt also Breuer den Landweg mehr oder minder aus, so scheint ihm dagegen „der die Kontinente verbindende Ozean" akzeptabel. Breuer wörtlich: „. . . Für die Nordwest-Kultur kommen nur Anlieger oder Bewohner des Pazifik in Frage, das gleiche gilt für die Chavin-Zivilisation. Bei den Olmeken sollte man eigentlich eine Beeinflussung über den Atlantik hinweg annehmen. Doch die geographische Lage der Landenge schließt auch eine Diffusion vom Pazifik her nicht aus. Tatsächlich sind olmekische Spuren an der pazifischen Küste gefunden worden. Diese Seite der Landbrücke zwischen Nord- und Südamerika ist in der Vergangenheit von den Archäologen arg vernachlässigt worden . . ." Wer also waren die hypothetischen Seefahrer, die ihre Kultur nach Amerika gebracht haben könnten? Hans Breuer schließt die Wikinger „ohne Bedenken" aus den Erwägungen aus. Sie hätten zwar die Nordküste Amerikas entdeckt, meint der Autor, doch seien zu jener Zeit die Reiche der Olmeken und die der Chavin längst vergangen gewesen.

„. . . Japan, China und die hinterindischen Reiche kommen schon eher in Frage. Inbesondere von China wissen wir, daß die Dschunken ausgedehnte Reisen auch über das offene Meer unternahmen. Seereisen von China nach Java erschienen im 4. Jahrhundert keineswegs als waghalsige Abenteuer. Auch aus noch weiter zurückliegenden Zeiten liegen Berichte vor, daß Kauffahrer von China aus die Malakka-Straße passierten und quer über den Bengalischen Golf die Südspitze Indiens anliefen. Ob ihnen die Fahrt über den Pazifik gelungen ist? Daß sie über die notwendige Kulturhöhe verfügten, um als äußerer Impuls auf Olmeken- oder Chavin-Zivilisation zu wirken, steht außer Frage . . ."

Hans Breuer ist jedenfalls überzeugt, daß wer immer auch den Anstoß für die Entwicklung der Hochkulturen in Mexiko und im Anden-Hochland gegeben haben sollte, es Angehörige „einer hohen Zivilisation" gewesen sein müssen.

Sowohl die Kultur der Olmeken, als auch jene der Chavin erhielt Impulse „von einer äußeren Quelle", glaubt Breuer. „Wenn wir bereit sind", ergänzt der Autor, „uns der Ansicht der Fachleute anzuschließen und den Beginn der Nordwestküsten-Kultur auf rund eintausend Jahre v. Chr. anzusetzen, so müßten ihre Sendboten zu jener Zeit bereits auf eine lange Entwicklung zurückgeblickt haben." Breuer vertritt weiter die Ansicht, daß jenes Kulturgut nicht auf einmal, sondern „über mehrere hundert Jahre hinweg" in einer „Reihe von Impulsen" vermittelt worden sei.

Finden sich weitere Hinweise für diese Theorie? Zweifellos.

„Es gibt zwar", schreibt Breuer, „weder an der Nordwestküste noch in Mittel- oder Südamerika Funde, die sich einwandfrei in meine chinesische Hypothese einordnen lassen, doch sind gewisse Ähnlichkeiten auffallend."

Solche „Ähnlichkeiten" sind, laut Breuer, die Auffindung von Jadeschmuck in Olmeken-Gräbern. Vollendete Jadefigürchen, deren Köpfe Miniaturfassungen jener Kolossalköpfe der Olmeken waren, die in Stein gehauen einige gleichgeartete Charakteristika aufweisen: Runde Form, abgeflachte Nasen und auswärts gebogene Lippen.

Der andere Menschentyp, den uns die Olmeken auf Reliefs, Stelen, Plastiken und Ornamenten hinterlassen haben, unterscheidet sich von den plumpen Steinköpfen grundlegend: Schmales Gesicht, häufig angeschlitzte Augen sowie — manchmal — mit einer Art Spitzbart.

Aufschlußreich sind die Erzeugnisse, die uns aus der Chavin-Kultur erhalten geblieben sind. Unter den dekorativen Elementen, die sowohl in Bronze, Stein und auf Keramiken verewigt wurden, finden wir beispielsweise eine Doppelspirale, doppelseitige Darstellungen von Tieren, nicht geschlossene Armreifen mit Spiralen an den Enden — und zwei merkwürdige „Kultur-

157

reste": Gefiederte Schlangen mit sichelförmigen Flügelstummeln, Drachenmotive und immer wieder Tierfiguren mit einem undefinierbaren zylindrischen Gefäß auf dem Rücken.

Breuers leicht ironische Bemerkung, „außerirdischer Einfluß" würde viele Fragen nach dem kulturellen Ursprung der frühen Bewohner Amerikas beantworten, sollte sie durch diese seltsamen Kulturrelikte ausgelöst worden sein?

Wenden wir uns wieder den Tierfiguren mit dem Zylinder auf dem Rücken zu. Diese stilisierten Raubkatzen (denn das stellen die Figuren zweifellos dar) wurden in den amerikanischen Anden entdeckt, besitzen aber, weit, weit im Osten, ein bemerkenswertes „Double". Die gleiche Tierdarstellung, wieder mit dem ominösen Zylinder auf dem Rücken, wurde nämlich, ganz aus Bronze gefertigt, auch in China ausgegraben. Die Figur stammt aus der Chou-Dynastie. Breuer weigert sich strikt, solche Parallelen als Zufall zu bezeichnen. Seiner Argumentation kann kaum widersprochen werden. Beide Funde — die amerikanische Raubkatze aus Stein und die chinesische Raubkatze aus Bronze — waren nämlich zur ungefähr gleichen Zeit hergestellt worden. Und auch die bandförmige Doppelspirale auf der Seite der Figur aus Chavin de Huantar, schreibt Breuer, sei einwandfrei ein Motiv der Chou-Zeit.

Chou-Stil findet sich auch in den gefiederten Schlangen mit den sichelförmigen Flügelstummeln wieder und dazu ein weiteres gravierendes Indiz: Die Knotenschnüre Perus, dort Quipu genannt, wurden noch um die Jahrhundertwende bei primitiven Stämmen Formosas benützt, um Zahlen, vielleicht sogar Nachrichten darzustellen. Zweifellos ein Überbleibsel aus uralter Zeit, wahrscheinlich weit älter als die Han-Dynastie. Jedenfalls findet die Knotenschrift Erwähnung im „Buch der Wandlungen", drei Jahrhunderte vor Christi Geburt.

Ein Landsmann von mir (also ein Österreicher), der Journalist, Hobby-Historiker und kürzlich karenzbeurlaubte Unterhaltungschef des Österreichischen Fernsehens, Konrad „Kuno" Knöbl, will ab 25. Mai 1974 in der Praxis beweisen, was die sogenannte

„Diffusionstheorie" schon seit längerem in Erwägung zieht und was auf diesen Seiten auch hypothetisch belegt worden ist: Nämlich die Möglichkeit befruchtender Kontakte zwischen den alten Chinesen und vorkolumbischen Kulturen in Süd- und Mittelamerika.

Laut „Diffusionstheorie" entstanden nämlich die alten Hochkulturen niemals isoliert und voneinander unbeeinflußt, sondern sie haben sich wechselweise und durch ständigen Austausch ihrer Kenntnisse untereinander entwickelt.

Knöbls Interesse für ein derartiges Unterfangen, so erzählte er mir, sei dadurch entstanden, daß er sich erstens seit jeher mit Geschichte und geschichtlichen Fragen beschäftigt und zweitens lange Zeit Südostasien bereist habe. In der kambodschanischen Stadt Angkor Vat entdeckte er Reliefdarstellungen von alten Schiffen und in der südvietnamesischen Stadt Hue Knotenschnüre. Parallelen zu ähnlichen Relikten vorkolumbischer Kulturen stachen ihm sofort ins Auge.

„Sie brachten mich dazu, mich intensiver mit Fragen möglicher kultureller Beziehungen zu beschäftigen, ich suchte Kontakt zu einem, leider bereits verstorbenen Wiener Experten, Professor Heine-Geldern, der mich in meiner Ansicht bestätigte." Knöbl begann sich nunmehr, wie er sagt, „einzulesen"; zuerst studierte er Prof. Heine-Gelderns Bücher, dann inskribierte er am Völkerkunde-Institut.

Der zuerst nur vage Gedanke begann Gestalt anzunehmen. Knöbl ging zu dem Wiener Großverleger Fritz Molden und präsentierte ihm den Vorschlag, seine „Dschunken-Expedition" zum Nachweis der „Diffusionstheorie" zu finanzieren. Molden ging darauf ein. Ihm erscheint das „Unternehmen Knöbl" als eine „tolle Geschichte" und — wie er sagt — ein „letztes großes Abenteuer unserer Zeit" zu sein.

Das Instrument der gewagten Überfuhr fand Knöbl zuerst in chinesischen Büchern in Form von Abbildungen dreier Dschunken-Modelle aus der Han-Dynastie, die in den Museen in Kanton und Peking von China-Reisenden besichtigt werden können.

Anhand jener Dschunken-Modelle ließ sich Knöbl seine künftige Dschunke mit dem Namen „Tai Ki" (was soviel wie „das All" bedeutet) rekonstruieren: Ein jetzt siebenräumiges Kastenboot aus Tannenholz, mit Bambusaufbauten, 26,3 Meter lang und sechs Meter breit. Die Segelfläche beträgt 174 Quadratmeter. Zur Zeit arbeitet der chinesische Werftbesitzer So Hawk Sum („Alles Wissender") an der Fertigstellung des Kahns. Das Bauende wird für Weihnachten erwartet.

Gebaut wird die Dschunke von zwei betagten chinesischen Bootsbauern, die über genügend ererbtes Wissen verfügen, um ein Boot aus der Han-Dynastie originalgetreu „nachzuempfinden". Die Dschunke „Tai Ki" besteht nur aus Holz und Bambus. Inbegriffen auch die 2800 Bambusnägel, das Bambustauwerk sowie zwei Segel aus geschlitzten Bambusfasern.

„Kuno" Knöbl (sein Vorname Konrad ist Außenstehenden kaum ein Begriff) hat seine Reiseroute nach Angaben des spanischen Seefahrers und Augustinermönches Andres de Urdaneta gewählt. Es handelt sich um die sogenannte „Urdaneta"-Route, wobei auch Knöbl den Südwest-Monsum sowie die Strömung für sein Vorhaben ausnützen möchte.

„Tai Ki" soll ihn und seine sieben Begleiter (vom Navigator bis zum chinesischen Akupunkteur ist alles vertreten, was als seetüchtiger Experte gelten kann) von Kanton oder Hongkong aus über die Philippinen an Japan vorbei entlang des 40. Breitegrades nach Nordkalifornien tragen. Im rechten Winkel ginge es dann weiter, direkt dem Ziel entgegen: Nach Mexiko und Mittelamerika. Wenn alles klappt, soll Knöbls Dschunke in der ekuadorianischen Hafenstadt Esmeraldas vor Anker gehen.

„Ich bin fest davon überzeugt, daß unser Vorhaben erfolgreich verlaufen wird", ist sich der österreichische „Thor Heyerdahl" ziemlich sicher. „Wären die Chancen nicht gut, würde ich die Reise nicht wagen!"

Die Meinung der Wissenschaft ist geteilt. Getreu dem Bibelwort „Der Prophet gilt nichts im eigenen Lande", meint beispielsweise Frau Hohenwart-Gerlachstein, Oberassistentin im Völkerkunde-In-

160

stitut in Wien, einigermaßen distanziert: „Herrn Knöbls Fahrt ist sicher ein interessantes Abenteuer, aber für die Wissenschaft völlig belanglos."

Knöbl trägt's mit Fassung. „Das sagt man im Völkerkunde-Institut in Wien", sagt er, „aber meines Wissens gibt es davon mehrere in der übrigen Welt. Nur weil sich die Frau Oberassistent negativ geäußert hat, kann man doch noch lange nicht von einer Ablehnung meines Vorhabens durch die etablierte Wissenschaft sprechen." Jedenfalls hätten, laut Knöbl, chinesische Wissenschaftler ihr Interesse an der Expedition „Tai Ki Pacific" (so die offizielle Bezeichnung des Unternehmens) bekundet.

Der Start der Reise steht also in wenigen Monaten bevor. Gesamtkosten: Mehr als zwei Millionen DM! „Kuno" Knöbl (in seinem Team fährt auch ein Kameramann mit) wird über seine abenteuerliche Fahrt einen Film drehen, der als TV-Serie gezeigt werden soll. Das Buch dazu, das er nach seiner Rückkehr zu schreiben gedenkt, wird außer bei Molden auch im Bostoner Verlag Little Brown (der ein Drittel der Expeditionskosten übernommen hat) voraussichtlich im Herbst 1975 erscheinen.
Vorerst sind jedoch noch zirka 11 000 Seemeilen zu bewältigen.
„Kuno" Knöbl ist für sein gewagtes Vorhaben viel Glück zu wünschen. Er wird es brauchen.
Vielleicht aber steht am Ende seiner großen Überfahrt der überzeugende Beweis für die Theorie, für die er gewaltige Strapazen auf sich zu nehmen bereit ist. Der Beweis für den ostasiatischen, sprich chinesischen, Einfluß auf die Kulturen Süd- und Mittelamerikas.

XVI. DER FLIEGENDE GOTT VON PALENQUE

Der rätselhafte Fund des Mexikaners Alberto Ruz — Eine „weltraumverdächtige" Steingravierung — Wer war der Fremde, der wie ein Maya-König bestattet wurde? — Der Tote war mindestens 1,73 Meter groß — Sowjetischer Wissenschaftler rekonstruierte das Gesicht des Toten und behauptet: Rassenmerkmale auf der Erde unbekannt — Datenverarbeitungsanlagen in Nowosibirsk entschlüsselten die kosmischen Hieroglyphen von Palenque — Eine Summe von Indizien — Zwei Österreicher fanden den Beweis: Maya-Schriftzeichen technisch entschlüsselt — „Wundermotor" aus der Prähistorie erreicht bei 500 Umdrehungen pro Minute die Leistung von 400 PS — Tiroler Wissenschaftler versuchen „Hochrechnung in die Vergangenheit" — Enträtselte Vorzeit durch „Forschungsprojekt Atarpa"?

XVI

Peter Kolosimo, Südtiroler Journalist mit vorgeschichtlichem For-
scherdrang, macht in seinen Büchern „Sie kamen von einem anderen Stern" und „Woher wir kommen" auf interessante Einzelheiten aufmerksam. „Einige mexikanische Völkerschaften",
schreibt er, „sagen im Hinblick auf die monströsen, kleinen Jadefiguren ihrer Vorväter (sich dabei auf uralte Überlieferungen
berufend), daß dieser Stein aus einem ganz bestimmten Grund
für die Figuren verwendet wurde; seine Farbe entspricht nämlich
der Hautfarbe des legendären menschenähnlichen Geschlech-
tes."
Wir erinnern uns: Diese Jadefigürchen wurden auch schon bei
Breuer erwähnt. Wie kam es, daß Jade, ein typisch chinesischer
Schmuckgegenstand, aus völlig unbekannten Gründen in Amerika heimisch wurde?

Und weil wir eben dabei sind, die Möglichkeit chinesischen Ein-
flusses auch auf dem amerikanischen Kontinent in Erwägung zu
ziehen und weil ich persönlich glaube, daß die „gelben Götter"
mit ihren Flugzeugen („Donnervögel") und Raumgleitern („Gefiederte Schlangen") auch andere Weltteile erkundet haben, wollen wir uns an dieser Stelle auch mit dem merkwürdigsten Fund
befassen, den ein ausdauernder Archäologe, Alberto Ruz, gebür-
tiger Mexikaner, am 15. Juli 1952 der Fachwelt offerierte: Das aufregende Fragment einer fernen Vergangenheit im Tempel der In-
schriften von Palenque — den sogenannten „fliegenden Gott".

Da ist zunächst der Sarkophag des Unbekannten. Ein riesiger
Monolith, etwa sechs Kubikmeter in seiner Ausdehnung, von

sechs großen Steinblöcken gestützt und mit einem mehr als acht Quadratmeter im Umfang messenden Stein beschwert.

Alberto Ruz, der Entdecker dieses Riesendinges, hielt die auf dem Stein deutlich erkennbaren Darstellungen für astronomische Symbole, phantasiebegabtere Beschauer interpretieren jedoch das eingemeißelte Motiv völlig anders — und in der Tat, die auf dem Relief sichtbare Gestalt scheint auch uns „weltraumverdächtig". Da sitzt ein Wesen in einem seltsamen Gefährt, trägt einen Kopfschmuck, wie er bei den Maya üblich war und ist barfuß. Doch sitzt es vornübergeneigt in dem Vehikel, das sich offenbar vor- oder aufwärts bewegt. Fahrt oder Flug ging zweifelsfrei mechanisch vonstatten, das beweisen Flammenbündel, die aus dem rückwärtigen Teil des unbekannten Fortbewegungsmittels schlagen. (Siehe die Rekonstruktion auf der Bildtafel.)

Was immer bisher in diese kunstvolle Darstellung hineininterpretiert worden ist, auch ohne besondere Phantasie ist darin ein technologischer Vorgang zu erkennen. Auf der Vorderseite der prähistorischen „Rakete" sind drei Röhren sichtbar auf- und abwärts gebogen. Das in die Steinplatte gravierte Wesen (in Maya-Tracht) scheint mit der Steuerung seines Vehikels voll ausgelastet zu sein. Seine Hände bedienen angedeutete Hebel, die Füße berühren irgendwelche Pedale, die Nase ist mit einer „Atemvorrichtung" verbunden.

Die Figur der Steinplattendarstellung — jener Unbekannte — ist von 24 Symbolen umgeben, die beispielsweise Peter Kolosimo an das „Sonnentor" am Titicacasee erinnern. Neun befindet sich oben (der Himmel), drei links (Westen) und drei rechts (Osten). Kolosimo deutet diese Hieroglyphen als Zeichenerklärung für die Steuerung des rätselhaften Objektes.

Auf dem Bug der „Rakete" befindet sich jedenfalls die Darstellung eines Papageies — das Sonnensymbol der Maya, eindeutiger Hinweis des Fliegens.

Es dauerte bis zum November 1952, ehe es Alberto Ruz auch gelungen war, die schwere Steinplatte vom Sarkophag zu heben. Was sich seinen und den Augen der Begleiter bot, verblüffte wenig später auch die Fachwelt. Hier nun der betreffende Abschnitt aus Alberto Ruz' Originalbericht, den ich C. W. Cerams „Götter, Gräber und Gelehrte in Dokumenten" entnommen habe.

„... Das war nicht das erste Mal in meiner Archäologenlaufbahn, daß ein Grab entdeckt wurde, aber niemals war es so eindrucksvoll wie hier. In der zinnoberrot bemalten Höhlung, die als Sarg diente, war der Anblick der menschlichen Überreste ..., die größtenteils mit Jadeschmuck bedeckt waren, äußerst bewegend. Es war möglich, sich die Gestalt des Körpers vorzustellen, der in diesen „geschneiderten" Sarkophag gelegt worden war; und der Schmuck verlieh ihm einen gewissen Anschein von Leben, sowohl wegen des Glanzes der Jade als auch weil er so günstig placiert war, daß er die Ausdehnung und die Umrisse des Fleisches, das ursprünglich das Skelett bedeckt hatte, ahnen ließ. Man konnte sich auch leicht den hohen Rang der Persönlichkeit vorstellen, die Anspruch auf ein Mausoleum von so eindrucksvollem Reichtum erheben durfte. Wir waren von seiner Statur überrascht, die größer war als die durchschnittlichen Maya von heute, und auch von dem Umstand, daß seine Zähne nicht abgefeilt oder mit Inkrustationen von Schwefelkies oder Jade versehen waren, da diese Sitte (wie auch die künstliche Deformation des Schädels) bei Personen der oberen sozialen Schichten üblich war ... Schließlich kamen wir zu der Auffassung, daß die Persönlichkeit vielleicht nicht dem Mayavolk angehört hatte, obwohl es klar ist, daß sie als einer der Könige von Palenque gestorben war ..."

Soweit die wörtliche Wiedergabe. Alberto Ruz hatte ausreichend Zeit, um die kostbare Ausstattung des Skelettes zu bewundern. Der unbekannte Tote trug auf seinem Schädel ein Diadem aus dünnen Jadescheibchen, das Haar war durch kleine Jaderöhrchen von passender Form in einzelne Strähnen geteilt. Jade war überhaupt bevorzugter Schmuckgegenstand, womit das Skelett verziert war. Da gab es eine kleine Jadeplatte von außerordentlicher Qualität, die den Kopf des Vampirgottes Zotz darstellt, sowie ein Halsband aus Jadestücken in Form von Kugeln, Zylindern, dreilappigen Stücken, Blütenknospen, aufgeblühten Blumen, Kürbissen, Melonen und den unvermeidlichen Schlangenkopf. Aus einer quadratischen Jade ragte eine Röhre (auch aus Jade) hervor und diese endete in einer blütenförmigen Perle. Und so ging es weiter. Jadestückchen, zweihundert an der Zahl, um jedes Handgelenk, natürlich auch Ringe aus Jade an jedem Finger des Toten. Das größte Jadestück — eine prächtige, jedoch stark beschädigte Maske — verdeckte das Antlitz des Unbekannten. Die Augen dieser Maske waren aus Muscheln gefertigt, die Iris aus Obsidian, während die Pupillen durch dahinterliegendes Schwarz dargestellt wurden.

Das Skelett wird in seiner ursprünglichen Größe unterschiedlich angegegeben. Peter Kolosimo beispielsweise nennt 1,73 Meter, mein verstorbener Freund Dirk Schnee, der den „fliegenden Gott" ebenfalls in Augenschein nahm, schätzte die einstmalige Größe des Toten auf mindestens zwei Meter.
Alberto Ruz vermutet also sehr richtig, daß der Unbekannte im Steinsarkophag kein Maya-Würdenträger gewesen sein kann. Um wen aber handelte es sich wirklich?

Alexander Kasanzew, den ich in seiner Wohnung in Moskau (wie an anderer Stelle des Buches ausführlich geschildert) besuchte, stand mit dem Entdecker des Steinsarkophags von Palenque in regem Briefkontakt.
„Ich habe ihn gebeten, mir alles mitzuteilen, was er mir über seine Entdeckung überhaupt sagen könne", erzählte mir der sowjetische SF-Autor. Tatsächlich sandte Ruz sämtliche über seinen Fund veröffentlichten Artikel sowie sehr interessante Fotoaufnahmen nach Moskau und bat Kasanzew, ihm seine persönliche Ansicht mitzuteilen. Alberto Ruz selber, deutete er seinem sowjetischen Briefpartner gegenüber an, habe jedenfalls keinerlei Schlußfolgerungen daraus gezogen, daß es sich bei dem Relief auf dem Steinsarkophag tatsächlich um eine Rakete mit einem Kosmonauten handeln könnte. „Der offizielle orthodoxe Standpunkt", ließ mich mein sowjetischer Gesprächspartner wissen, „bezeichnet vielmehr die Vorderansicht der angeblichen Rakete als Lebensbaum der Maya, während die weiter hinten sitzende Gestalt einen Maya darstellen soll, der über die Unsterblichkeit nachdenke". Flammenbündel, die, deutlich sichtbar, aus

dem Heck des seltsamen Gefährts schlagen, sind nach offizieller Version die Barthaare des Wettergottes. Darüber muß auch Kasanzew lachen. „Erklären Sie sich aber bitte als damit einverstanden", schlägt er vor, „daß eine derartige Auslegung der Reliefdarstellung nicht weniger phantastisch ist, als die von den Phantasten angebotene Erklärung!"

Die Bombe explodiert erst später. Alexander Kasanzew hat sich nämlich nicht nur für die Steingravierung auf dem Sarkophagdeckel, sondern auch für den Toten selbst interessiert. „Ich hatte Alberto Ruz deshalb gebeten", erzählte mir mein Gastgeber, „die Rekonstruktion des Gesichtes dieses Beigesetzten durch unseren weltbekannten Soziologen und Skulpturexperten Gjrassimow zu gestatten. Alberto Ruz antwortete mir daraufhin, er selber habe eine Modellmaske aus den Resten der aufgefundenen Jademaske angefertigt, die dem Original weitgehend entspräche."
Die Abbildung dieser von Ruz verfertigten Jademaske nahm der prominente sowjetische Archäologe und Rekonstrukteur Andranik Dshagarjan aus Jerewan zum Vorbild, um das Gesicht des Toten im Sarkophag von Palenque „nachzuempfinden".
„Niemand hat noch versucht, die Gesichtszüge des Beigesetzten zu analysieren, ich habe dies nunmehr getan", schrieb Dshagarjan in einer wissenschaftlichen Abhandlung.

Es ist fürwahr erstaunlich, was mir Kasanzew anhand dieser Rekonstruktion zu zeigen hat. Das von Andranik Dshagarjan entworfene Bild von den Gesichtszügen des Palenque-Toten ist, anatomisch besehen, ungewöhnlich. Die Nase, beispielsweise, beginnt bereits über den Augenbrauen. Sie teilt die Stirn des Unbekannten sozusagen in zwei Hälften. Derartige Rassenmerkmale sind uns bislang auf der Erde unbekannt. Wird jedenfalls von Dshagarjan behauptet. Überzeugen Sie sich selbst durch einen Blick auf die Bildtafel dieses Buches.

„Sie würden also, vorsichtig ausgedrückt, das Skelett im Sarkophag als Außerirdischen bezeichnen?" frage ich provokant.
Kasanzew reagiert vorsichtig: „Das glaube ich zwar nicht, doch

bin ich auch der Meinung, daß es sich bei dem Bestatteten um einen Nachfolger jener Wesen gehandelt hat, die ehemals zu uns gekommen sind!"

Mein Gesprächspartner spielt hier zweifelsohne auf die Existenz kosmischer Besucher an. Kasanzew glaubt sogar, ein wertvolles Indiz zugunsten einer solchen Annahme vorweisen zu können. „Nur sehr wenige Menschen wissen darüber Bescheid, daß unsere Datenverarbeitungsanlagen in Nowosibirsk die Hieroglyphen auf dem Sarkophag von Palenque entschlüsseln konnten. Diese Hieroglyphen haben sich allesamt als kosmische Symbole erwiesen. Das bedeutet jedoch, daß es sich bei den Reliefdarstellungen weder um den Mais- oder Lebensbaum handelt, noch um angeblich menschliche Überlegungen über die Unsterblichkeit. Vielmehr kann nun die Schlußfolgerung gezogen werden", ist sich Alexander Kasanzew gewiß, „daß die entschlüsselten Hieroglyphen ausschließlich kosmische Themen behandeln!"

Auch mein Landsmann „Kuno" Knöbl, der von der Ausstrahlung ostasiatischer Kenntnisse auf die süd- und mittelamerikanischen Kulturen überzeugt ist und den ich auf die reichhaltigen Grabbeigaben für den Toten von Palenque in Form wertvollen Jadeschmucks aufmerksam gemacht hatte, gab zu bedenken: „Sicherlich kann die Funktion und Bedeutung des Jade, seine Bearbeitung, ebenfalls ein Punkt sein, der auf Kommunikationen hindeutet. Ich glaube jedoch, daß die mittel- und südamerikanischen Kulturen bereits ein relativ hohes Stadium erreicht hatten, als die ersten Kontakte mit den Ostasiaten stattgefunden haben. Doch sicherlich, sonst wären ja diese nachweisbaren Spuren nicht vorhanden, haben jene Dinge, die da mitgebracht wurden, jenes Wissen, jene Fertigkeit, all das, auf die Träger dieser Kulturen nachhaltig gewirkt, sonst wären sie nicht nachempfunden worden, sonst fände man heute keine Spuren und keine Parallelen."

Knöbl, schon bald mit seiner altchinesischen Dschunke und sieben Mann Begleitung auf Weltreise über 11 000 Seemeilen Pazifischen Ozeans, hat selber genügend Material für seine

Hypothese gesammelt. „Vor allem in der sogenannten Kultur der Olmeken", nennt er mir ein Beispiel, „findet man eine ganze Summe von verblüffenden Hinweisen, etwa kleine Jadefiguren, die deutlich als Nachbildungen ostasiatischer Vorbilder analysierbar sind."
Liegt hierin des Rätsels Lösung?

Nun, jedenfalls sind zwei andere Landsleute vor mir, Tiroler, dieser Lösung einen großen Schritt nähergekommen. Auch wenn es vielleicht phantastisch klingen mag, das Unglaubliche ist Tatsache: Aus einem Schriftzeichen der Maya, das sich übrigens in dem alten Troano-Manuskript dieses Indianervolkes immer wieder findet, entwickelten der auf wissenschaftlicher Basis arbeitende Schriftsteller Klaus Keplinger sowie sein Freund, der Atomphysiker Fritz Egger, eine in ihrem Leistungsvermögen geradezu sensationelle Kraftmaschine. Die beiden Tiroler hatten zunächst nichts anderes getan, als dieses Schriftzeichen auf seine offensichtlich technische Bedeutung zu untersuchen. Was dabei herauskam, sucht seinesgleichen.

Ich habe Keplinger und Egger in ihrer Heimatstadt Innsbruck besucht und das ungewöhnliche Modell ihrer Erfindung selbst gesehen.
Diese Apparatur funktioniert nach dem Prinzip der Durchdringung von zwei zueinander geneigten Rotationsebenen. Deren einzelne Teile drehen sich ausnahmslos um einen gemeinsamen Mittelpunkt. Man kann die Kraftmaschine sowohl als Verbrennungsmotor, aber auch mit Preßluft oder Dampf in Funktion bringen.

Der „Maya-Motor" läuft weitgehend vibrationsfrei und hat selbst kritischen Prüfungen durch Fachleute großer Industrieunternehmen standgehalten. Die Berechnungen der Experten ergaben ferner, daß der von Keplinger und Egger entwickelte Motor bei einem Hohlraumdurchmesser von vierzig Zentimetern und einem Betriebsdruck von zehn Atmosphären (was etwa dem Prüfdruck eines Druckkochtopfes entsprechen mag) bereits bei 500 Umdrehungen pro Minute eine Leistung von über 400 PS abgibt. Zum Vergleich entwickelt ein herkömmlicher Motor ähnlicher Größe

bei 5000 (!) Umdrehungen pro Minute nur an die 200 Pferde-
stärken.

Das wirklich Verblüffende an dieser Erfindung ist aber, daß die
beiden jungen Innsbrucker ihre Kraftmaschine aus jenem alten
Maya-Zeichen entwickelt haben. Dieses Schriftzeichen sieht aus
wie ein doppelwandiges Rechteck mit den Diagonalen. (Siehe
Bildteil.) Seine Bedeutung konnte von den Maya-Sprachforschern
bisher nur unzulänglich erklärt werden.

Keplinger und Egger gingen der Sache auf den Grund. Das Schriftzeichen in dem erwähnten Troano-Manuskript findet sich nämlich
in verschiedenen darin enthaltenen Reliefdarstellungen wieder.
Darauf sind Figuren zu sehen, mit fackelähnlichen Gegenständen
in den Händen, die offensichtlich technische Gebilde bedienen.
Ausnahmslos war jedoch das seltsame Schriftzeichen in Verbindung mit röhrenartigen Linien skizziert worden. Was war ihre
Bedeutung? (Siehe Bildtafel)

Keplinger und Egger suchten nach einer plausiblen Erklärung.
Sie wollten sich anderseits nicht allein mit gewissen Spekulationen
des französischen Autors Robert Charroux zufriedengeben, der in
seinem Buch „Die Meister der Welt" jenes Maya-Gebilde als
Raumschiffdüse, das bewußte Schriftzeichen aber als Synonym für
die Begriffe „Treibende Kraft" oder „Motor" gedeutet hatte.

Man suchte eine logische Lösung. Man fand sie auch — und die
Überraschung war perfekt. Als nämlich die beiden Tiroler Forscher
die bildhaft wiedergegebenen Geschehnisse in dem Maya-Manuskript vom Standpunkt der heutigen Technik aus betrachteten, bot
sich plötzlich eine ebenso einfach wie einleuchtende „Überset-
zung" an: Die „Düse" von Charroux entpuppte sich als nicht weniger verblüffender Druckkessel, die scheinbare „Fackel" deuteten
Keplinger und Egger als dargestelltes Symbol der Wärme.
Beide Forscher erkannten: Hier war eine Wärmekraftmaschine
aufgezeichnet worden und nicht einmal das Regelventil hatte man
vergessen.
Die Konstruktion überraschte jedenfalls durch ihre Zweckmäßig-

keit und die einfachen Bedienungsmöglichkeiten des gesamten Systems.

Natürlich stellt sich nunmehr die Frage nach den technischen Kenntnissen der alten Maya. Es klingt fast unglaublich, wenn man sich vorstellen soll, daß die Maya-Indianer bereits moderne Maschinen besessen haben könnten. Keplinger und Egger finden solche Gedankenspiele absurd.

Vielmehr, vermuten beide Erfinder, beruhe Inhalt und Darstellung in dem Maya-Manuskript auf überlieferten Mitteilungen früherer und längst verschollener Zivilisationen. Das offensichtlich profunde Wissen dieser untergegangenen Hochkulturen blieb lediglich fragmentarisch erhalten, wie etwa in den Troano-Texten und den dazugehörenden Reliefs.

Was dieser prähistorische „Maya-Motor" in unserem fortgeschrittenen 20. Jahrhundert für Furore machen könnte, wird anhand einiger Details deutlich:

● Die enorme Leistungsfähigkeit der Kraftmaschine bringt es beispielsweise mit sich, daß ihre Anwendung als Antrieb für unsere luftverpestenden Autos äußerst attraktiv erscheint. Durch eine Verbrennung außerhalb des Zylinders entstehen wesentlich weniger schädliche Abgase, trotzdem wäre eine gute Ausnützung der angebotenen Energie garantiert.

● Statt Benzin oder Diesel könnte der „Maya-Motor" auch andere Treibstoffe verkraften; gänzlich neue Energiequellen, wie sie heute in der Raumfahrt bereits Verwendung finden, wären denkbar.

● Künftige, auf diese Weise (durch Atomkraft) angetriebene Fahrzeuge, bringen aufgrund der Gewichts- und Platzersparnis eine weitaus größere Transportkapazität und würden außerdem geräuschlos funktionieren.

Erfindung und Fertigstellung dieser zukunftsweisenden Maschine erfolgten im Rahmen des geheimnisumwitterten „Forschungsprojektes Atarpa". (Atarpa, das ist der abgewandelte Name der etruskischen Schicksalsgöttin.) An diesem Projekt sind eine Reihe von Tiroler Wissenschaftlern beteiligt, jeder für sich arbeitet an einem Spezialauftrag.

Ziel der „Atarpa" ist es, bisher ungedeutete Relikte aus unserer Vorgeschichte wissenschaftlich präzise zu untersuchen und einer logischen Lösung zuzuführen. „Hochrechnung in die Vergangenheit" nennen Keplinger und Egger ihre Bemühungen.

Das Forschungsprojekt kostet natürlich Geld und nicht zu wenig. Durch baldige Vergabe der Patentrechte für den „Maya-Motor" könnte aber die weitere Fortführung der Forschungsarbeit finanziell gesichert sein. Wie man mir erzählte, sind große in- und ausländische Firmen (etwa das schwedische Unternehmen „Husquarna") am Patenterwerb interessiert.

Obwohl manches dafür zu sprechen scheint, daß aufgrund dieser vielleicht umwälzenden Entdeckung der Beweis erbracht worden ist, wie groß die wissenschaftlichen Kenntnisse in der Prähistorie bereits gewesen sind, bleiben Keplinger, Egger und das Forscherteam von „Atarpa" vorsichtig. Allein aus der Entwicklung der Kraftmaschine einen Beweis für die Richtigkeit solcher Theorien ableiten zu wollen, sei verfrüht, wurde mir versichert.

Vielleicht. Ich bin da anderer Meinung. Ich vertraue den weiteren Bemühungen des „Forschungsprojektes Atarpa", dessen Team eines Tages eine wissenschaftlich-gültige Rekonstruktion unserer Vorgeschichte möglich machen könnte.

Bleibt noch die Frage zu klären: Welche Hochkultur hat den Mayas ihr phänomenales Wissen vererbt? Die Chinesen?

XVII. DER BEWEIS DES WILLIAM NIVEN

Spuren zweier untergegangener Zivilisationen in einem
Hochtal von Mexiko — Ein Archäologe gibt nicht auf —
Ein vorgeschichtlicher Schmelzofen, Goldreste und
tausende Tonfiguren — Eine von ihnen stellte einen
Chinesen dar — Hatten die Indianer Mexikos chine-
sische Vorfahren? — Das fehlende Glied in unserer
Kette? — „Wir wissen jetzt, die meisten uralten
Stämme stammen von mongoliden Menschen ab.“

XVII

Colonel James Churchward, umstrittener Amateurarchäologe mit okkulten Neigungen und Autor von vier Büchern, die die einstmalige Existenz des mythischen Kontinents Mu beweisen sollen, glaubt jedenfalls einen berufenen Zeugen für eine solche „China-Theorie" anführen zu können. In seinem „Second Book of the Cosmic Forces of Mu" zitiert er den Mineralogisten und Altertumsforscher William Niven, dem er „eine der wichtigsten Entdeckungen" zuschreibt, die dieser Mann in Mexiko gemacht haben soll. Diese Entdeckung sei aber von den Wissenschaftlern „viel zu wenig genau untersucht" worden, meint Churchward bedauernd.

Mein Schweizer Freund Guido Bangerter hat mir die betreffende Stelle im Churchward-Buch aus dem Englischen übersetzt. Sie gibt angeblich den Originaltext aus der Niven-Aufzeichnung wortgetreu wieder. Zunächst berichtet William Niven von seiner Fundstelle „auf einer Fläche von ungefähr 2000 Quadratmeilen im Hochtal von Mexiko, von Tecoco nach Haluepantla". Dort will der Mineralogist „Hunderte, ja Tausende von Gruben" gefunden haben. Diese Gruben, weiß Niven, habe man aber im 3. Jahrhundert ausgebeutet, um Baumaterial für Mexiko City zu gewinnen. Der Forscher sah sich deshalb gezwungen, seine Untersuchungen „auf einen Bereich von zirka zehn Meilen Länge und 20 Meilen Breite im Nordwesten des Tales" zu beschränken. Dort will Niven dann Spuren zweier Zivilisationen „und drei guterhaltene Betonböden oder Pflaster" entdeckt haben. Alles in einer Tiefe von sechs bis 25 Fuß.

„Ich fand sehr viele zerbrochene Fragmente, Töpfereiwaren. Dort gab es auch zahlreiche Funde kleiner Tonfiguren und anderer Kunstgegenstände, auch Waffen. Das Pflaster beginnt zirka bei 120 Zentimeter und endet bei 160. Das untere Pflaster war schlecht erhalten, ich fand auch kaum etwas Nennenswertes", berichtet Niven und führt diesen Umstand auf mögliche seismische Störungen zurück.

Doch der Archäologe gab nicht auf: „Dann nach vielen Jahren mexikanischer Archäologie stieß ich auf eine dritte Schicht, über der eine 30 bis 60 Zentimeter dicke Aschenschicht lag. Analysen ergaben, daß es vulkanische Asche war. Unter dieser Aschenschicht fand ich Bauwerke von ungeheurer Größe. Die Häuser waren sehr regelmäßig gebaut worden. Das stellte ich fest, da ich hundert verschiedene Tongruben untersuchte." Nivens betrübliche Feststellung in seinen Notizen: „Alle Häuser sind zerstört, mit Asche und Geröll sind ihre Überreste angefüllt."

Ein paar Zeilen weiter war diese Entäuschung überwunden, denn: „Letzte Woche fand ich eine versteinerte Holztür. Sie war 18 Zentimeter dick. Die Oberschwelle war ein Gewölbe! Das älteste mexikanische Gewölbe! Die Wände der Häuser waren mit Steinen ausgelegt und mit einer zementähnlichen Masse verbunden. Das Bindungsmittel war härter als der verbaute Stein!

Nachdem ich mich durch die Tür hindurchgearbeitet hatte, kam ich in einen Raum, der eine Größe von zirka neun Quadratmeter hatte. Er war fast zur Gänze mit einer Mischung von vulkanischer Asche, Schmutz und Steinen angefüllt. Der Rauchfang bestand auch aus Steinen und einer Zementmischung. In dem Rauchfang befanden sich viele flache Fragmente. Die Asche unterhalb des Gewölbes war mit Kunstgegenständen und Gebrauchsgütern angefüllt. Es lagen in diesen Räumen auch zahlreiche menschenähnliche Knochen herum. Sie waren, wenn man sie angriff, wie mit Leim durchsetzter Kalk anzufühlen. Über ihren Köpfen wogten einmal die Wellen einer großen Flut und vernichteten eine ganze Zivilisation. Flut und Vernichtung jedoch konnte dem Schlaf dieser einst mächtigen Rasse nichts anhaben."

Niven vermutet in seinen Aufzeichnungen, daß er sich vielleicht in dem Haus eines begüterten Goldschmiedes befand, wozu ihn der Fund eines „kompletten Goldschmied-Werksatzes" animierte, sowie die Entdeckung eines offensichtlichen Schmelzofens, in dem sich „immer noch verschiedene Stücke von Gold" (also Goldklumpen) befunden haben sollen. Doch das war erst der Anfang!

Seinen sensationellsten Fund entdeckte Niven, wie er schreibt, „in einem ausgetrockneten Flußbett, drei Meilen von meinem größten Fundort" entfernt, also nordwestlich jenes mexikanischen Hochtales zwischen Tecoco und Haluepantla. Dort fand der Mineralogist tausende Tonfiguren. Was aber Niven besonders überraschte und „merkwürdig" vorkam: Bei den Figuren handelte es sich ausschließlich um Darstellungen von Rassetypen aus Südasien. „Die Töpferei und die Figuren, die man in mindestens 4,5 Meter Tiefe fand, sind wunderbar, und es ist nicht unbegründet anzunehmen, daß diese Leute Paläste und Tempel und Regierungsgebäude besaßen, die denen von Mitla, Palenque und Chichen Itza mindestens ebenbürtig sind." Die frappierendste Entdeckung machte Niven erst, als er diese Tonfiguren näher betrachtete. Bei einer von ihnen handelte es sich zweifelsfrei um die Darstellung — eines Chinesen! „Seine Gestalt und Gesichtsform läßt den Schluß zu", schreibt der Archäologe, „daß hier einst eine Rasse lebte, die den mongoliden Typen sehr ähnlich, wenn nicht gleich war."

Das ist eine wahrhaft verblüffende Schlußfolgerung — doch Niven fand noch weitere Beweise für seine Annahme. Er zögert auch nicht, seinen Fundort — eine Tongrube in der Nähe von San Miguel Amantla, nahe Haluepantla, 19 Kilometer vom mexikanischen Nationalpalast entfernt — zu nennen. Jene Tongrube hielt noch andere Überraschungen für den Forscher bereit: „In diesen Ruinen, wo ich den kleinen Chinesen fand, in derselben Tongrube stieß ich in etwa zehn Meter Tiefe auf das Zeugnis einer dritten Kultur. Die erste Kultur, 4,5 Meter tief, hatte als besondere Kennzeichen Zementwände und Fußböden. Drei Meter darunter fand sich die mittlere, zweite Kultur. Kultur drei war genau 9,5

Meter unterhalb der Oberfläche in einer Grube oder Kammer. Diese ‚tiefste‘ Kultur besaß die wunderbarsten mexikanischen Sachen, die man je gesehen hat. Ich war dort in einem ungefähr vier Quadratmeter großen Raum, dessen zementierte Wände bis zu 30 Zentimeter über dem Fußboden abgebrochen waren.

Unter diesem Raum fand ich in einer Grube die Knochen eines Mannes, der nicht größer als eineinhalb Meter gewesen sein kann. Der Mann lag auf einer zementierten Plattform. Seine Arme reichten ihm fast bis zu den Knien, und sein Schädel hatte eine mongolische Form. Um seinen Hals lag eine Kette, sie war aus grüner Jade gefertigt, die in lauter Perlchen gearbeitet war. Grüner Jade ist kein mexikanisches Mineral! Neben ihm lag eine Schnur, auf der 579 Stückchen von Muscheln aufgefädelt waren. Ich sage Schnur. da dieser Stoff schon längst zerfallen ist.

Auch wie von einer Schnur heruntergefallen scheint das Wampum oder Geld, neben dem der größte Fund lag — eben jener kleine Chinese! Dieses Figürchen ist das erste in Mexiko gefundene Stück in seiner Art, obwohl es ziemlich viele mongolide Figuren gibt."

Niven schließt aus diesen Funden, „daß das Blut der Indianer Mexikos mongoliden Ursprungs ist". Der kleine tönerne Chinese beschäftigt seinen Entdecker auch weiterhin. Niven schreibt:

„Seine Schlitzaugen, seine gepolsterte Jacke, seine überfallende Hose und seine Schuhe weisen ihn für jedermann erkenntlich als Chinesen aus. Er hat aber noch keinen Zopf, den sich die Chinesen erst zu ihrer Tracht beilegten, als die Tartarenhorden China eroberten. Die Statue ist zirka 15 Zentimeter groß, die Arme sind abgebrochen, die inneren Schichten sind noch aus Ton, die äußeren Schichten sind aber schon zu Stein geworden (metaphores Gestein), so daß mit dem Hammer nur sehr schwer Gesteinsproben vorgenommen werden können. Der Oberkörper hat eine Dicke von zirka sieben Zentimetern und der Unterleib von zirka drei Zentimetern. In den Ohren trägt er Ringe ... Er trägt eine Kopfbedeckung mit einem kleinen Knopf in der Mitte wie

Mandarinen zur Zeit des Kaisertums ... Der Mantel wird durch einen Frosch und einen Knopf zusammengehalten. Über der Brust trägt er eine Scheibe, die aus gediegenem Gold, mit Erde von unbekanntem Alter verbunden, gefertigt ist. Jeder der beiden Arme ist abgebrochen, mit der einen Hand scheint er sich aber über die Wange gestreichelt zu haben, da in der Wange ein kleines Loch ist, ... diese Figur kann nicht von Azteken gemacht worden sein. Diese Figur wurde Jahrhunderte, bevor nur ein aztekischer Fuß Mexiko betrat, hergestellt ... Der kleine Chinamann war das fehlende Glied in unserer Kette: Wir wissen jetzt, die meisten uralten Stämme stammen von mongoliden Menschen ab."

XVIII. DIE „GÖTTLICHEN GESANDTEN" AUS DEM OSTEN

Parallelen zwischen Mexiko und Bayan-Kara-Ula? —
Die Farbe Gelb war den Indianern heilig — Ein chinesischer Historiker behauptet: Chinesen entdeckten
Amerika? — James Churchward glaubt: Die eigentliche Heimstätte legendärer Kulturen war der versunkene Kontinent Mu.

XVIII

Viel mehr als der Fund der kleinen Chinesenfigur aus Ton interessiert uns aber der unbekannte Tote, den William Niven in jener Tongrube in einem Hochtal von Mexiko gefunden haben will.

Man beachte: Der Mann war von einwandfrei mongolischem Aussehen. Man beachte ferner seine geringe Größe: Nur eineinhalb Meter! Das ganze Skelett war mit Jadeschmuck behangen, ähnlich wie der unbekannte Tote im Sarkophag der Palenque-Gruft. Man beachte aber auch: Grüner Jade kommt aus China! Dort galt dieser Schmuck früher als „göttlich". Besonders merkwürdig erscheint mir der abnormal wirkende Körperbau des toten Chinesen in der Tongrube. Seine Arme reichten ihm nämlich — so versichert uns wenigstens Niven — bis zu den Knien.

„Die Himmelsmenschen waren nicht viel größer als ein acht Jahre altes Kind", erzählt eine Sage aus dem einstmals chinesisch-tibetischen Grenzgebiet von Bayan-Kara-Ula. In den Höhlen des mächtigen Gebirges fanden chinesische Archäologen tatsächlich Gräber mit den Überresten kleiner schmächtiger Wesen mit ungewöhnlichem Körperbau. Was Wunder, daß jene Unbekannten von den Ethnologen einer Affenart zugerechnet wurden, woran ganz sicherlich auch ihre seltsame Anatomie — überlange Arme — beigetragen haben dürfte. Daß man in diesen Grabstätten dann Steinscheiben fand, deren Entzifferung (wenn sie stimmt) einer wissenschaftlichen Sensation gleichkommt, konnte von den chinesischen Ethnologen nicht vorausgeahnt werden. Aber diese Geschichte von den bisher kaum erforschten und ausreichend klassifizierten Volksstämmen der Dropa und Cham, einer

Pygmäenart aus dem Gebiet von Bayan-Kara-Ula, habe ich ja schon in einem früheren Kapitel dieses Buches ausführlich geschildert.

Sollte es zwischen Nivens ungewöhnlicher Entdeckung in Mexiko und den Skelettfunden im Bayan-Kara-Ula-Gebirge unmittelbare Zusammenhänge geben? Der Mineralogist und Archäologe schätzte das Alter seines toten Chinesen auf ungefähr 16 000 Jahre. Jene sogenannten „Affengräber" sollen ungefähr 12 000 Jahre alt sein.

Handelte es sich in beiden Fällen um dieselben Wesen? Außerirdische Kolonialisten, die entweder auch in Mexiko Zuflucht gesucht haben oder von China aus in die „Neue Welt" ausgewandert sind?

Es ist heute gar keine Frage mehr, daß Kolumbus Amerika erst lange nach den Wikingern entdeckte, daß aber noch vor den Wikingern gelbe Besucher die Ehrfurcht und Bewunderung der Rothäute erweckt haben. Die Farbe Gelb wurde bei den Indianern interessanterweise als „heilig" angesehen. Der Forscher Serge Hutin glaubt eindeutige Hinweise dafür zu haben, daß das legendäre „Land von Fu Sang" mit dem heutigen Kalifornien gleichzusetzen ist. „Aufgrund günstiger Strömungen konnte Kalifornien von China und Japan aus erreicht werden ..." Die Mannschaften chinesischer Dschunken sollen um 458 n. Chr. dort gelandet sein. Nun, es ist ziemlich sicher, daß die Entdeckung Amerikas durch die Vorfahren der heutigen Chinesen schon lange vor diesem Zeitpunkt erfolgt ist. Deutlich wird in den alten Indianersagen „von göttlichen Gesandten einer hellhäutigen Rasse" berichtet, „die in fernen Tagen aus dem Osten kamen".

Wir haben nun verschiedene Theorien zu der Vermutung gelesen, zwischen dem alten China und der Neuen Welt — Amerika — könnte es einst kulturelle Zusammenhänge gegeben haben. Über die Spekulationen eines Churchward, Breuer, Lissner oder Kohlenberg hinaus, soll aber auch eine Stimme nicht ungehört bleiben, die uns besonders kompetent erscheint, zu derartigen Hypothesen Stellung zu nehmen. Die Heimat dieses Mannes, ein angesehener Historiker, ist nämlich – China.

Chen Hua-hsin veröffentlichte im Dezember 1961 in einer Pekinger Tageszeitung einen Artikel, der in Fachkreisen und darüber hinaus ungeheures Aufsehen erregte. Der Gelehrte behauptete nämlich allen Ernstes, Chinesen hätten Amerika mindestens tausend Jahre vor Kolumbus entdeckt. „Ich will die Verdienste des großen genuesischen Seefahrers natürlich nicht schmälern", schrieb Chen Hua-hsin weiter, „er hat immerhin eine neue Route von Europa nach Amerika gefunden – aber die Daten, auf denen meine Behauptungen basieren, sind unanfechtbar." Welche Argumente hatte der chinesische Historiker für seine Behauptungen vorzubringen? Zunächst einmal das Dokument einer Reisechronik. Darin wird berichtet, daß ein Bürger des vormaligen Kaiserreiches „in ein buddhistisches Land jenseits des Meeres", gereist sei, von dem sich Chen Hua-hsin ziemlich sicher ist, daß es sich dabei um Mexiko gehandelt haben dürfte. Die ungewöhnlichen Aussagen des Historikers blieben nicht unwidersprochen.

Verschiedene „Kollegen" ließen kein gutes Haar an Chen Hua-hsin, ironische Kommentare versuchten seine Theorie ins Lächerliche zu ziehen. Der Historiker blieb aber davon unbeeindruckt. In seiner Beweisführung bezog er sich auf verschiedene archäologische Ausgrabungen in Mexiko und Peru, deren Merkmale seiner Ansicht nach deutlich chinesische, ja buddhistische Herkunft verraten hätten. Schließlich sollen in einem Grab nahe von Panama sogar die Aufschriften alter asiatisch klingender Namen entdeckt worden sein. Weiter wies Chen Hua-hsin auf die offensichtlich „orientalischen" Bestandteile der aztekischen Religion und Astronomie hin, die ebenfalls das Ursprungsland China verraten würden. Auch Peter Kolosimo hat derartige Überlegungen in seinem Buch „Woher wir kommen" angestellt. „Ohne Zweifel wimmelt es im präkolumbianischen Amerika von asiatischen Elementen", bestätigt der Autor, der in Italien zu Bestsellerehren gekommen ist. Kolosimo datiert jedoch deren Herkunft in Epochen, „zu denen das Reich des Himmels noch weit von seiner Entstehung entfernt war". Sein Resümee: „Wenn sich die fraglichen

Spuren bei den Azteken, Inkas und Maya sowie bei anderen Völkern finden, dann gewiß nicht, weil sie von den Chinesen stammen, sondern weil diese Völker sie von einer großen Kultur erbten, die unter anderem einen großen Teil Asiens und Amerikas miteinander verband."

Womit wir also wieder glücklich bei den Spekulationen eines James Churchward gelandet wären, der in dem versunkenen Kontinent Mu die Heimstätte legendärer Kulturen vermutet.

Auf die Behauptung des chinesischen Historikers eingehend, Chinesen hätten Amerika lange vor Kolumbus entdeckt, assistiert Kolosimo: „Aber warum müssen wir dem Gedanken, ein paar mandeläugige Argonauten hätten die amerikanische Küste erreicht, mit Skepsis begegnen? Wir wissen doch genau, daß die Chinesen schon zu Beginn unserer Zeitrechnung über Schiffe verfügten, die lange Reisen gestatteten und etwa 200 Mann faßten."

Auf einem solchen Schiff erreichte der Mönch Fa-hien etwa 400 n. Chr. Ceylon und den Malaiischen Archipel und kehrte mit demselben Schiff wieder nach Nordchina zurück. Kolosimo vermutet daher, daß es nicht unmöglich gewesen sei, wenn chinesische Seefahrer, an der asiastischen Küste entlangfahrend, Alaska erreicht hätten, um dann die amerikanische Westküste hinunterzufahren, oder daß sie sogar den Ozean überquerten.

Die vielfältigen Ansichten, die ich auf diesen Seiten wiedergegeben habe, sind natürlich keine Garantie dafür, daß sich alles ganz genauso abgespielt haben muß. Immer zahlreicher werdende Mosaiksteinchen prähistorischer Prägung sammeln sich aber langsam zu einem überschaubaren Gebilde — und wer weiß: Was heute noch als umstrittene Hypothese angesehen wird, kann sich schon morgen als unumstößliche Tatsache qualifizieren.

Oder, um noch einmal auf das Schicksal des Amateurarchäologen Heinrich Schliemann anzuspielen: Auch „sein" Troja wurde nicht an einem Tag gefunden . . .

XIX. GELBE GÖTTER IN INDIEN

Die Göttin mit den Wunderwaffen — Sie kam ebenso aus China wie Ganesa, der Gott mit dem Elefanten-kopf — Wurde das Mahabharata von einem Außer-irdischen verfaßt?

XIX

Manches deutet darauf hin, daß der Einfluß der „gelben Götter"
weit größer war, als wir ursprünglich vermutet haben. Er erstreckte sich nämlich nicht nur über die „Neue Welt" — Spuren
sind auch in der indischen Mythologie zu finden. Darin wimmelt
es ebenfalls von unbekannten Wunderwaffen, fliegenden Wagen
und götterähnlichen Wesen.

Ich erzähle hier von der „goldenen Göttin" Parvati, die offenbar die Fähigkeiten besaß, sich in vielerlei Gestalt zu verändern:
In Uma, die Göttin von Licht und Schönheit, Gauri oder Jagad-
gauri, Göttin der Fruchtbarkeit und der Ernte, aber auch in Durga.

„Sie ist dann eine schöne, gelbhäutige Frau mit zehn Armen
und reitet auf einem Tiger", heißt es in der mythischen Überlieferung und weiter: „Trotz ihrer Schönheit ist sie zum Morden
geboren. Sie entstand aus den Flammen, die dem Mund Brahmas, Vishnus, Shivas und anderer großer Götter entströmten
und hatte eine spezielle Aufgabe, Dämonen zu töten, und zwar
zunächst den Büffeldämon Mahisha ..." Durga alias Parvati war,
laut Sage, eine vollerwachsene, herrliche Frau. Jede ihrer zehn
Hände hielt eine der Götterwaffen. Da gab es Vishnus Diskus,
Shivas Dreizack, Varunas Muschel, Agnis Flammenspeer, Vayus
Bogen, Suryas Köcher und Pfeil, Yamas Schlinge, Indras Donnerkeil, Kuberas Keule, Sheshas Schlangengirlande und einen
Tiger vom Himalaja.

Aus dieser Beschreibung geht deutlich hervor, daß die „gelbe
Göttin" zumeist mit Waffengewalt in Erscheinung trat. Ihr Auf-

191

treten muß für den unvorbereiteten Beobachter erschreckend gewesen sein. Das läßt uns jedenfalls die Beschreibung des Augenzeugen vermuten.

Bei Durga-Parvati handelte es sich offenbar um eine auffallend schöne Frau und der Grund, warum sie von dem Chronisten sogleich zur Göttin erhoben wurde, liegt auf der Hand: „Sie entstand aus den Flammen, die dem Mund Brahmas, Vishnus, Shivas und anderer großer Götter entströmten . . .", beschreibt er das vermeintliche „himmlische" Wesen.

Was unser Beobachter wahrscheinlich sah, waren die Flammenbündel der Düsen von Durgas Raumschiff, als die „gelbe Göttin" zur Landung ansetzte. Der Anblick dieses Manövers war offenbar dermaßen eindrucksvoll, daß es sich unser Berichterstatter nur im Zusammenhang mit dem Erscheinen der höchsten Gottheiten vorzustellen vermochte. Brahma verkörpert in der Hindu-Religion eine Art Christus, er wird als Sohn des höchsten Wesens im Universum, Pitamaya, verehrt.

Zunächst wollen wir uns kurz mit der unwahrscheinlich klingenden anatomischen Beschaffenheit der „gelben Göttin" beschäftigen, denn daß ein menschenähnliches Wesen gleich zehn Arme gehabt haben soll, wirkt wenig glaubhaft. Auch dann nicht, wenn dieses Wesen nicht auf dieser Erde geboren worden wäre. Die Klärung des Rätsels ist einfach: Natürlich besaß auch Durga nur zwei Arme, zwei Beine und war überhaupt von normaler Figur. Was den Chronisten an zehn Hände denken ließ, war die offenbar akrobatische Behendigkeit der gelbhäutigen Frau im Gebrauch ihrer Waffen. Durga war mit einem „Waffenarsenal" angerückt, um — wie der Augenzeuge zu wissen glaubt — „Dämonen zu töten".

Bei dem Diskus Vishnus, einem angeblich blauhäutigen Gott, kann es sich um eine mechanische Wurfwaffe, die auf ihr Ziel programmiert werden konnte, handeln. Pinaka, der Dreizack des heißblütigen Gottes Shiva, gilt als Sinnbild des Blitzes, könnte also eine Art Strahlenwerfer gewesen sein. Varunas Muschel war offenbar ein tellerförmiges Bodenfahrzeug, mit dem sich Durga auch in die Lüfte erheben konnte. Der Flammenspeer

Agnis arbeitete, wie die Bezeichnung vermuten läßt, mit elektrischer Energie. Agni wird in der Mythe oft auch als „Stern" beschrieben, der Grund hiefür könnte aus der sonstigen Beschreibung des mächtigen Geschöpfes herausgelesen werden. Als schwarzgekleideter Gott mit vier Armen steht Agni auf „Rauchwolken". Seinem Kopf entquillt ebenfalls Rauch, er trägt den bereits erwähnten Flammenspeer „und fährt in einem von roten Pferden gezogenen Wagen, dessen Räder aus den sieben Winden bestehen". Ein deutlicher Hinweis darauf, daß sich dieser Agni mit einem fliegenden Gefährt durch den Himmelsraum bewegte.

Da wäre noch Vayus Bogen, wahrscheinlich eine mechanisch funktionierende Waffe, ähnlich Surays Köcher und Pfeil. Yama, der symbolische Todesgott, besaß eine magische Schlinge, die er seinen Opfern über den Kopf warf und sie danach tötete. Ihre genaue Funktion ist nicht überliefert. Yama soll übrigens von grüner Hautfarbe gewesen sein. Durga besaß auch noch den „Donnerkeil" Indras, des obersten Himmelsherrn bei den vedischen Göttern. Diese Waffe soll so ungeheuerlich gewesen sein, daß ihr Wirkungsgrad, laut mythischer Beschreibung, mit der Explosionskraft einer Atombombe verglichen werden könnte.

Bleiben noch Kuberas Keule, Sheshas Schlangengirlande und ein Tiger vom Himalaya. Kubera, ursprünglich der Anführer der Bösen, wurde später in den Rang der Unsterblichen erhoben und raste mit seinem magischen Wagen Pushpaka durch Atmosphäre und Stratosphäre. Dieses fliegende Gefährt war angeblich so groß wie eine Stadt. Im „Ramayana" der Hindus wird dieses Luftfahrzeug als Vimaana bezeichnet. Kubera war von zwergenhaftem Wuchs, soll auf drei Beinen gestanden haben und überaus häßlich gewesen sein. Den Palast hatte er auf dem Kailasa im Himalaya-Gebirge, wo sich auch Kuberas „reichste Stadt des Universums" Alaka befunden haben soll. Auch die Funktionstätigkeit der „Keule" des Kubera ist uns nicht überliefert, es handelte sich aber zweifelsfrei um keine „gewöhnliche" Waffe. Ähnlich rätselhaft in seiner Wirkungskraft bleibt Sheshas Schlangengirlande. Shesha war jene Gottheit, die angeblich den Himmel zu tragen hatte — und daß Durga einen leibhaftigen Tiger mit sich in den Kampf geführt haben könnte, ist nicht ausgeschlossen.

Man liest also: Mit Durga, der „gelben Göttin", zweifellos eine Urahnin der heutigen Chinesen, war nicht zu spaßen. Und noch eine gelbhäutige Gottheit wird uns aus der indischen Mythologie überliefert: Ganesa. Er wird in der Überlieferung als „kleiner, dickbauchiger Mann von gelber Hautfarbe" wiedergegeben, der übrigens ebenfalls vier Arme besessen haben soll und — das klingt vielsagend — einen Elefantenkopf mit nur einem Stoßzahn! Wurde diese etwas phantastische und eher unwahrscheinliche Beschreibung von Ganesas Aussehen durch einen verzeihlichen Irrtum des Chronisten verursacht? Nämlich dadurch, daß sich der Astronaut Ganesa in voller Montur, also auch im Raumfahrerhelm samt Atemgerät dem verblüffenden Beobachter präsentierte? Der „gelbe Gott" aus China dürfte übrigens in Indien sehr segensreich tätig gewesen sein. Gilt er doch dort als Gott der Weisheit, als guter Schreiber und Kenner der heiligen Schriften. Ganesa soll es gewesen sein, dem wir zum Teil das heilige Buch der Hindu-Religion, das Mahabharata, zu verdanken haben. Damit steht insgesamt fest: Der Einfluß des alten China reichte weit über seine Landesgrenzen hinaus. Viele Völker haben von der auf hohem Niveau stehenden Kultur profitiert.

XX. FLUCHTPUNKT ERDE

Wurde das Sonnensystem der gelben Götter durch
eine Supernova vernichtet? — Eine Legende, die nachdenklich macht — Waren Chinas mythische „Schildkröten" ursprünglich Raumstationen? — Fluchtziel China,
Tibet und Indien — Wird unser Mond von einem
außerirdischen Flugkörper umkreist? — Zwei Wissenschaftler vertreten phantastische Theorie — Kamen
die gelben Götter aus dem 103 Lichtjahre entfernten
System Epsilon Bootes? — Erdtrabant seit 13 000
Jahren? — Geheimauftrag für „Skylab" — Führende
Wissenschaftler in Kalifornien, Großbritannien und in
der Sowjetunion untersuchen gleiches Phänomen —
Begann vor 13 000 Jahren der kulturelle Aufstieg des
alten China?

XX

Es geht in die Zielgerade. Wir haben viele Stationen passiert, Verschleiertes aufzuhellen versucht, neue Erkenntnisse gewonnen. Ist es uns im Rahmen vorhandener Möglichkeiten gelungen, dem Leser überzeugende Indizien vorzulegen? Ich denke schon — auch wenn wir endgültige Beweise für unsere Hypothese, Chinas Vorfahren, die gelben Götter, seien einst aus dem Weltraum auf die Erde gekommen, schuldig bleiben müssen. Solche Beweise wären möglich, doch müßte dazu die Mythenforschung mit größerem Ernst und intensivierem Einsatz vorangetrieben werden. In Chinas Erde liegt unter Garantie noch so mancher wegweisende Hinweis verborgen, der vieles Rätselhafte aus der Prähistorie des Riesenlandes erklären könnte.

Zum Schluß dieses Buches soll nun der Versuch gewagt werden, die Gründe für die Erdlandung der gelben Götter zu finden. Was bewog die „Himmelssöhne", ihre Heimatwelt zu verlassen und sich ein neues Zuhause auf einem fremden Planeten zu suchen? Welches umwälzende Ereignis trieb die gelben Götter in den Kosmos? Die plausibelste Antwort liegt nahe: Eine Sternenkatastrophe, eine Supernova!
Liegen wir mit dieser Vermutung richtig? Blättern wir weiter in mythischen Überlieferungen, studieren wir aufmerksam die alten chinesischen Legenden, denn darin findet sich tatsächlich ein zielführender Hinweis: eine Andeutung, die uns zu guter Letzt zur Deutung führen könnte.

Diese vorgeschichtlichen Quellen berichten da und dort vom Auftauchen sogenannter Schildkröten. Liest man aber aufmerksam weiter, dann erkennt man bald, daß es sich hier beileibe nicht um jene schwerfälligen, handtellergroßen Tiere handeln kann, die uns allen wohlbekannt sind. Vielmehr müssen die mythischen „Schildkröten" von monströser Größe gewesen sein, und auch sonst zeigen sie keinerlei Ähnlichkeit mit ihren tierischen Verwandten. Die mythischen Schildkröten waren ja auch keine Tiere. Sie waren ... doch lassen wir erst einmal die Legendentexte sprechen. Sie berichten von Yü-ch iang, dem Gott des Ozeanwindes, ihm hatte der Himmelskaiser befohlen, jene fünf Inseln „weit hinten im Ostmeer" durch jeweils drei „Schildkröten" bewachen zu lassen. Jede Wachperiode, weiß die Sage, dauerte sechzigtausend Jahre.

Dieses angebliche „Ostmeer", das „geheimnisvolle und magische Eigenschaften" besaß, war „wie ein Loch im Boden", in das alles Wasser, auch das „des himmlischen Flusses Han" ohne Unterlaß floß. Wer es vielleicht nicht weiß: Der himmlische Fluß Han, das war die chinesische Bezeichnung unserer Milchstraße. In der Nähe des rätselhaften „Loches" lag das Inselparadies, bestehend aus den genannten fünf Inseln. „Sie schwammen unverankert im Meer", lesen wir weiter, und „hier wuchs das Kraut der Unsterblichkeit, der Haupthandelsartikel der Inselbewohner", um dessentwillen die Kaiser ihre Flotten ins Ostmeer sandten. Das ging so lange gut, bis eines Tages die Inseln „mit dem Hauptland China kollidierten". Daraufhin wurden die „Unsterblichen" zornig, sie intervenierten beim Himmelskaiser, und dieser verfügte den Einsatz jener 15 vorhin erwähnten „Schildkröten".

Vielleicht klingt für den Leser dies alles ein bißchen verwirrend, doch die Nebel lichten sich, wenn wir uns bemühen, diese Überlieferung „kosmisch" zu interpretieren.
Karl F. Kohlenberg, dem Autor des Buches „Enträtselte Vorzeit", ist es selbstverständlich, daß die chinesischen Legenden bei der Erwähnung des „Meeres" keineswegs immer die Ozeane meinen. Vielmehr handelt es sich dabei um das „Himmelsmeer" oder verständlicher ausgedrückt: Um den Weltraum. Als Beweishelfer zieht der deutsche Ethnologe Ferguson's „Chinese Mythology" heran, die 1964 in New York erschienen ist. Darin wird

ausdrücklich betont, jene fünf von menschenartigen, geflügelten Wesen bewohnten „Inseln" seien im östlichen Himmelsmeer, „jenseits des Abgrundes Ku'ei-hiü", geschwommen.

Damit schwinden auch unsere Zweifel: Das in unserer Sage erwähnte „Ostmeer" hat nichts mit einem der Weltmeere zu tun — diese Story spielt sich vor „universellem" Hintergrunde ab.
Die fünf Inseln waren vermutlich Planeten in einem fremden Sonnensystem, das dem Untergang geweiht war. Wahrscheinlich hatten die Wissenschaftler jener nichtirdischen Rasse seit Jahrtausenden die Lebensdauer ihrer sterbenden Sonne berechnet. Der Zeitpunkt rückte näher und näher, an dem sich das Muttergestirn zu einer Nova aufblähen würde, um alle ihre Planetenkinder, eines nach dem anderen, zu vernichten.
Daß es sich bei den Bewohnern dieses Systems um eine fortgeschrittene Zivilisation gehandelt haben muß, geht schon daraus hervor, daß sie in den Legendentexten als „unsterblich" gerühmt werden. Sie sollen außerdem ein „Federkleid" getragen haben, konnten also offenbar fliegen. Doch in Anbetracht einer heraufdämmernden kosmischen Katastrophe hatten auch die weit fortgeschrittenen „Unsterblichen" keine Wahl: Sie begannen mit der Evakuierung ihres Sonnensystems.

Damit enthüllt sich auch die Identität jener sonderbaren Schildkröten: Hier handelte es sich um Raumstationen, die — jeweils zu dritt — die fünf Planeten der gelben Götter umkreisten. Sechzigtausend Jahre lang, wie die alten Texte berichten. Darin finden wir auch eine Andeutung, wie die Heimat der Sternenrasse schließlich zugrunde ging: Ein Riese aus dem Reich des Drachengrafen sei aus dem Meer gewatet, habe sechs der 15 „Schildkröten" mit seinem Netz eingefangen und damit zwei der fünf Inseln gleichzeitig den Garaus gemacht. Was soviel heißen dürfte, daß zunächst die beiden inneren Planeten von der Sonnenglut verbrannt worden sind, wobei sechs der 15 Raumstationen verglühten.

Nur in unserer Phantasie können wir uns ausmalen, wie viele Raumschiffe aus ihrem Heimatsystem in neue Regionen flüchteten.

199

Wahrscheinlich wurde die Sternenrasse „in alle Winde" zerstreut. Einige Flüchtlinge aus dem Kosmos nahmen Zuflucht zur Erde. Sie landete da und dort, manche etwa in Japan und Indien, hauptsächlich aber in China und Tibet.

Von dort aus entwickelten die gelben Götter ihre Kultur weiter, verpflanzten sie später sogar nach Amerika. Von ihrem Wissen, ihren Kenntnissen profitierten die weisen Männer des chinesischen Reiches. Damals begann für sie eine „Zeit der Wunder", von der wir im Rahmen dieses Buches berichtet haben.

In einem früheren Kapitel habe ich die Vermutung angestellt, die für etwa 2000 v. Chr. datierte „Zeit der Wunder" müsse wahrscheinlich weit früher stattgefunden haben. Vielleicht schon vor 13 000 Jahren. Seit dieser Zeit, so argumentiert ein schottischer Wissenschaftler allen Ernstes, wird unser Mond von einem durch Funksignale zwar georteten, dem freien Auge bislang aber unsichtbaren geheimnisvollen Flugkörper umkreist, der künstlichen Ursprungs und außerirdisch sein soll.

Die hier angebotene Geschichte klingt zwar reichlich phantastisch, was sie aber über den Rahmen sonst üblicher Hirngespinste hinaushebt, ist die Tatsache, daß sich zwei anerkannte Gelehrte für ihre Authentizität verbürgt haben. Prof. Ronald Bracewell, er lehrt an der kalifornischen Universität Stanford, beschäftigt sich schon seit geraumer Zeit mit Phänomenen des Himmels.

Als er in den Sechzigerjahren von den ungewöhnlichen Beobachtungen las, die von dem norwegischen Mathematiker und Geophysiker Stürmer sowie dem niederländischen Funkingenieur van der Pol im Jahr 1928 gemeinsam bestätigt worden waren, ging er der Sache auf den Grund. Stürmer und van der Pol war aufgefallen, daß manche der Funksignale, die sie probeweise zum Himmel geschickt hatten, nicht in der berechneten Zeitspanne von einer Sekunde, sondern mit unerwarteten Verzögerungen zurückgekommen waren. Keiner von beiden konnte sich damals einen Reim darauf machen, worauf die Ursache jener verspäteten Funksignale zurückzuführen war.

Prof. Bracewell kam auf eine Lösung. Sie war jedoch so phantastisch, daß die gelehrte Fachwelt Bracewells Deutungsversuch mit Hohngelächter quittierte. Der Kalifornier hatte nämlich behauptet, die Verzögerung der Funksignale sei durch einen um den Mond kreisenden künstlichen Flugkörper hervorgerufen worden, möglicherweise sogar absichtlich, um seine Existenz zu dokumentieren. Mehr als zehn Jahre später nahm sich auch der 27jährige Wissenschaftler Dr. Duncan Lunan, er hatte an der schottischen Universität Glasgow promoviert, dieser mysteriösen Sache an. Die Theorie Prof. Bracewells erschien ihm keineswegs so absurd, wie vielen gelehrten Zeitgenossen. Dr. Lunan widmete sich nunmehr intensiv diesem Phänomen, berechnete, recherierte und las alles damit Zusammenhängende und trat dann mit einer Erklärung an die Öffentlichkeit, die alles vordem Gesagte noch weit in den Schatten stellte.

Nach Ansicht des schottischen Gelehrten handelt es sich bei den verzögerten Funksignalen um den Versuch einer außerirdischen Intelligenz, die Erdbewohner um Hilfe zu rufen.
Auch den Grund für dieses „SOS aus dem All" glaubt Dr. Lunan herausgefunden zu haben: Die Heimatwelt der Fremden war offensichtlich dem Untergang preisgegeben. Wenn Dr. Lunans Berechnungen stimmen, dann lag dieser verlorene Planet im System Epsilon Bootes. Lunan sagte ausdrücklich „lag", denn Epsilon Bootes ist 103 Lichtjahre von uns entfernt und Beobachtungen ergaben zweifelsfrei, daß sich die dortige Doppelsonne in einer Phase des Absterbens befindet und bereits so überhitzt ist, daß organisches Leben auf ihren Planeten längst aufgehört haben muß, zu existieren.
Die Doppelsonne, so können wir es derzeit beobachten, ist daran, sich zu einer gewaltigen Nova aufzublähen. Rechnet man noch jene 103 Lichtjahre hinzu, dann besteht wohl kein Zweifel mehr, daß dieses Sonnensystem und mit ihm alles Leben hoffnungslos vergangen ist.

Nach Dr. Lunans Überprüfungen wäre es denkbar, daß die intelligenten Bewohner von Epsilon Bootes die sich anbahnende Katastrophe rechtzeitig voraus erkannt haben, und Gegenmaßnahmen einleiteten. Diese bestanden unter anderem auch darin, Raumschiffe, bemannt und unbemannt, in alle Winkel des Kosmos zu senden, um 1. neuen Lebensraum für ihre Rasse und 2. die Hilfe anderer Sternenbewohner zu finden.

Eines dieser Raumschiffe befände sich noch heute auf einer Kreisbahn rund um den Mond, sagt der Schotte, und er glaubt, den Zeitpunkt dieses Geschehnisses sogar datieren zu können: Für Dr. Lunan fand die Kontaktaufnahme vor etwa 13 000 Jahren statt.

Allerdings vergeblich, denn der Homo sapiens besaß damals weder die Mittel noch die Intelligenz, einer bedrängten Sternenrasse zu Hilfe zu eilen.

Handelt es sich bei den Fremden um Chinas Kulturheroen, die gelben Götter? Die Parallelen zu unserer eingangs erzählten Untergangslegende sind augenscheinlich.

Daß man die Untersuchungen der Herren Bracewell und Lunan nicht nur für leeres Geschwätz ansieht, beweist der Geheimauftrag, den das Team von ,,Skylab" während seines Aufenthaltes in der improvisierten Weltraumstation erhalten hat und der über undichte Kanäle an die Öffentlichkeit gelangte.

Die US-Astronauten hatten die Anweisung, nach einer konkreten Spur des geheimnisvollen Mondtrabanten zu suchen, wobei sich ihre Teleobjektive auf zwei, vorher genau kalkulierte Stellen des Himmels richteten, an denen die NASA-Wissenschaftler das Auftauchen des ,,Satelliten" erwarteten.

Ob das Vorhaben von Erfolg gekrönt war? Wir wissen es nicht — und die NASA hat bisher geschwiegen.

Doch nicht nur ,,Skylab" war im Einsatz, um das Rätsel des kosmischen ,,Unbekannten" aufzuhellen, unabhängig davon, hat sich auch der führende britische Konzern auf dem Sektor der Elektroindustrie — EMI — der Sache angenommen. Ein Team von Computerfachleuten erhielt den Auftrag, starke Signale mit Hilfe von Richtstrahlern in die Gegend der Mondbahn auszuschicken, um deren Echo aufzuzeichnen und auf eventuelle Verzögerungen zu untersuchen. Leiter der umfangreichen Aktion von EMI ist Ing. Anthony Lawton.

Das gleiche Ziel hat sich übrigens auch Prof. Bracewell gesteckt. Der umstrittene Wissenschaftler sucht mit einem Team von Radioastronomen den Himmel ab — und selbst in der Sowjetunion ist man hellhörig geworden. Dr. V. Troitsky vom Radiophysikalischen Institut in Gorkij hat ein umfangreiches „Lausch-Programm" ausgearbeitet, das sich auf Funksignale konzentriert, die aus bis zu 100 Lichtjahren entfernten Sonnensystemen zur Erde gelangten. Ob alle diese Forschungsarbeit zu brauchbaren Ergebnissen führen wird? Und wenn ja — werden wir diese Ergebnisse jemals erfahren?

Wenn Dr. Lunans Überlegung richtig ist, daß jenes unbekannte Raumschiff seit 13 000 Jahren um den Mond kreist, wenn es ferner zutrifft, daß damals eine erste Kontaktaufnahme nichtirdischer Intelligenzen mit ahnungslosen Erdenbürgern stattfand, dann stellt sich uns die unvermeidliche Frage: Begann vor 13 000 Jahren der kulturelle Aufstieg des alten China?

XXI. DIE KÖNIGE DES LICHTS

Erstaunliches aus dem „Manuskript von Tchi" — Die Miao und die „Herrn der Höhe" — Die umstrittene Theosophin Blavatsky bezeichnet Atlantis als Urheimat aller Rassen — Kosmischer Gehalt in heiligen Büchern? — Der Lotus war früher die Blume der Macht — „Die von der ... mondgleichen Gesichtsfarbe ... sind gegangen in ... das Land von Feuer und Metall" — Geschah dies alles vor 700 000 Jahren?

XXI

Vieles, was im Rahmen dieses Buches als Indizienbeweis angeboten worden ist, kann zwar die Theorie von der außerirdischen Herkunft der „gelben Götter" erhärten, aber nicht endgültig bestätigen. Das ist auch schwierig, da uns nur der Mytheninhalt zur Verfügung steht und auch dieser nur in Form von Fragmenten erhalten geblieben ist.

Meine Aufgabe konnte es daher nur sein, soviel Material, wie nur irgendwie möglich, zu sammeln, Mosaiksteinchen auf Mosaiksteinchen zusammenzutragen, um vielleicht auf diese Weise das vorgeschichtliche Gebäude an Gestalt gewinnen zu lassen. Hinweise gibt es ja mehr als genug. Der britische Autor W. Raymond Drake zitiert beispielsweise aus dem „Manuskript von Tchi", dem zur Folge das chinesische Reich 18 000 Jahre lang von einer göttlichen Rasse von Königen regiert worden sei.

Diese Götter sollen den Kontakt mit dem Menschen gesucht und ihnen kosmisches Wissen vermittelt haben. Andere chinesische Weisheitsbücher, so das Shan-hai-ching, erzählen wiederum von den Miao, einer Menschenrasse des alten China, die Flügel besaß. Die Beschreibung der Miao erinnert uns an jene Rasse im „Federkleid", die (der Sage nach) auf einer der fünf Inseln im Himmelsmeer gelebt haben soll. Laut Legendentext überwarfen sich die Miao eines Tages mit dem „Herrn der Höhe". Der Zürnende verbannte sie deswegen und nahm den Miao obendrein auch noch die Fähigkeit des Fliegens. Ein weiteres Mosaiksteinchen aus dem Puzzlespiel der vielen ungelösten Rätsel im alten China.

„Die von der gelben Farbe sind die Vorväter derer, die die Ethnologen jetzt in die Turanier, die Mongolen, Chinesen und andere alte Nationen einteilt", schreibt die umstrittene Theosophin Helena Petrowona Blavatsky in ihrem Buch „Die Geheimlehre". Die als Medium weltbekannt gewordene Frau war schon zu Lebzeiten davon überzeugt, daß Atlantis die Urheimat aller Rassen gewesen ist. Als dieser legendenumwobene Erdteil nach furchtbaren Eruptionen im Meer versank, seien viele seiner Bewohner in Panik geflüchtet, „und das Land, wohin sie flohen, war kein anderes als Zentralasien", behauptet die Autorin.

Helana Petrowona Blavatsky, früher unter den Initialen H. P. B. ein Begriff, zitiert in ihrem Buch aus handschriftlichen „Berichten der fünfunddreißig Buddhas des Bekenntnisses" folgende Textpassage: „... Die Könige des Lichts haben sich zornig entfernt. Die Sünden der Menschen sind so schwarz geworden, daß die Erde in ihrem großen Schmerz erbebt ... Die azuren Sitze bleiben leer ... Wer kann die Blume der Macht übernehmen, die Pflanze mit dem goldenen Stengel und der azuren Blüte?" Die „Könige des Lichts" wäre jener auserwählte Name gewesen, glaubt Blavatsky, der den Herrschern aus den göttlichen Dynastien zuerkannt worden sei. Die Theosophin beruft sich in diesem Zusammenhang auf Angaben in alten Aufzeichnungen. Der kosmische Gehalt von Überlieferungen, wie wir sie beispielsweise auch im berühmten „Buch Dzyan" finden, steht, so denke ich, außer Zweifel. H. P. B., vom Gedanken der Raumfahrt noch „unbeleckt", deutet dennoch in ihrer „Geheimlehre" vorsichtig an, die „azuren Sitze" wären in gewissen Schriftstücken auch mit „himmlischen Thronen" übersetzt worden — und was das bedeuten würde, sei sternenklar.

Auf den Spuren der gelben Götter stießen wir auf etliche Hinweise, die uns vermuten lassen, es habe sich damals verschiedentlich um allegorische Darstellungen von Luftfahrzeugen der kosmischen Fremden gehandelt. „... Die Blume der Macht ist jetzt der Lotus", schreibt unsere Autorin in ihren Aufzeichnungen und fragt sich und ihre Leser, „... was sie zu jener Zeit gewesen sein mag, wer kann das sagen?"

Jene uralten „Berichte der fünfunddreißig Buddhas des Bekenntnisses" werden von der Verfasserin der okkulten „Geheimlehre" als Beweisstücke ihrer Thesen angesehen. Auch für unsere Theorie sind die darin enthaltenen Angaben von einigem Interesse.

Neben den „himmlischen Thronen" hören wir vom Lotus, der „Blume der Macht", wie die alten Texte sie nennen. „Es gibt keine alten Symbole ohne einen damit verbundenen tiefen und philosophischen Sinn", ist H. P. B. überzeugt und schließt auch den Lotus in ihre Überlegungen mit ein.

Verblüffend ist die Deutung dieses Symbols durch die Theosophin, bei der man sich unwillkürlich zu fragen beginnt, was wohl Blavatsky auf solche Gedanken gebracht haben könnte? „Das Symbol des Lotus, die heilige Götterblume, stellt das abstrakte und das konkrete Weltall dar, indem er als Emblem der hervorbringenden Kräfte sowohl der geistigen als auch der körperlichen Natur steht." Es muß fürwahr zu denken geben, wenn man weiß, daß der Lotus in fast allen Religionen des Altertums heilige Verehrung genossen hat. Nicht nur in China, auch in Japan, bei den Hindus, den Ägyptern und Buddhisten. Ja, sogar die griechische und die christliche Kirche erhoben den Lotus zu einem selbstgewählten Emblem, zum Sendboten. Die Christen ersetzten die heilige Blume allerdings später durch das Zeichen der Wasserlilie. Welche Bedeutung, segensreich oder furchtbar, mag der Lotus einstmals in Götterhand gehabt haben?

Auf unserer Suche nach Spuren der gelben Götter stoßen wir auf ein weiteres Indiz. Helena Petrowona Blavatsky offeriert es in ihrer „Geheimlehre", und woher immer sie auch ihr Textmaterial geschöpft haben mag, es muß Anhaltspunkte geben, die nicht einfach ignoriert werden dürfen.

Als die „Könige des Lichts" die Menschen allein zurückgelassen hatten, herrschte überall chaotische Stimmung. H. P. B. berichtet weiter: „. . . Die von der . . . mondgleichen Gesichtsfarbe, und die mit dem strahlenden (goldenen) Gesicht sind gegangen in das Land der Wonne, das Land von Feuer und Metall."

Frage: Welche Farbe, naiv beschrieben, hat unser guter Mond? Richtig beobachtet! Gelb! Waren also auch Blavatskys „Könige des Lichts" von gelber Hautfarbe? Sind sie etwa gar mit unseren gelben Göttern identisch? Manches spricht dafür. Nach Ansicht der Theosophin sollen sich die hier wiedergegebenen Ereignisse vor ungefähr siebenhunderttausend Jahren abgespielt haben.

XXII. IST DER MENSCH UNIVERSELL?

Wie waren geschlechtliche Beziehungen zwischen den gelben Göttern und den Ur-Chinesen möglich? — Eine Theorie erregt Anstoß — „Für alle Lebewesen gilt der gleiche genetische Code", sagt Irene Sänger-Bredt — Leben in Gestalt von Sporen? — Wer findet die „missing links"? — Professor Puccetti glaubt an die kosmische Einheitsform des homo sapiens — Die Paradieslegende ist mehr als ein Phantasieprodukt.

XXII

Ganz gleich, ob der Leser dieses Buches gewillt ist, die hier vorgelegten Gedankengänge von der kosmischen Herkunft der gelben Götter zu akzeptieren — eine Überlegung wird ihn vielleicht stutzig gemacht haben: Die Überlegung nämlich, wie es biologisch erklärt werden könne, daß jene kosmischen Vorfahren der heutigen Chinesen — Außerirdische also — mit irdischen Frauen und Männern in geschlechtliche Beziehungen treten konnten und mit ihnen sogar Kinder zeugten (wie dies aus manchen Sagen hervorgeht)?

Die meisten Autoren, die über das gleiche Themengebiet publizierten und dabei durchaus akzeptable Denkmodelle anzubieten hatten, gehen gerade dieser Frage geflissentlich aus dem Weg. Sie ist der „wunde Punkt" ihrer Überlegungen, bei dem diesbezügliche Gegner sofort einhaken und hinterhältig fragen: „Wie, meine Herren Kolosimo, Charroux, Kohlenberg usw. war die geschlechtliche Verbindung eurer raumfahrenden Götter mit uns Menschen eigentlich möglich? Ist intelligentes Leben denn überhaupt auf einen Nenner zu bringen? Sind die gleichen biologischen Voraussetzungen gegeben, daß aus der Beziehung von Außerirdischen und Irdischen neues, normales Leben entstehen kann?"

Meines Wissens hat sich bisher nur ein deutschsprachiger Autor über die heikle Materie gewagt — und ist damit natürlich in Fachkreisen unliebsam aufgefallen: Erich von Däniken. In seinen Büchern „Erinnerungen an die Zukunft" und „Zurück zu den Sternen" vertritt der Schweizer „Sonntagsforscher" (wie

sich Däniken einmal selbst bezeichnete) die Ansicht, außerirdische Raumfahrer hätten in vorgeschichtlichen Zeiten uns Menschen „auf dem Wege einer künstlichen Mutation" geschaffen. Daraus, folgert Däniken, sei auch der Satz im biblischen Schöpfungsbericht (1. Buch Moses, Kapitel 5, Vers 1 b bis 2) entstanden: „Da Gott den Menschen schuf, machte er ihn nach dem Gleichnis Gottes . . ."
Weit spekulativer ist jedoch Dänikens Version, auf welche Weise das Bibelgleichnis von der Erschaffung Evas aus Adams Rippe entstanden sein könnte.

„. . . Eva wird doch wohl kaum mit einem Zaubertrick — nach einem chirurgischen Eingriff? — aus einem schmalen Knochen des männlichen Brustkorbs zu ihrer nackten Schönheit erblüht sein!" meint der Schweizer Autor und vermutet: „Vielleicht entstand sie mit Hilfe einer männlichen Samenzelle. Da es aber der biblischen Genesis zufolge kein menschliches weibliches Wesen im Paradies gab, das den Samen hätte austragen können, müßte Eva in einer Retorte gezüchtet worden sein." Däniken beruft sich hier auf einige erhalten gebliebenen Höhlenzeichnungen, „die kolbenähnliche Gebilde in Nachbarschaft des Ur-homo zeigen".

Und weiter spekuliert er: „Sollten wissenschaftlich weit fortgeschrittene Fremdintelligenzen in Kenntnis der immunbiologischen Reaktionen einen Knochen, vielleicht das Knochenmark Adams, als Zellkultur benutzt und darin den Keim zur Entwicklung gebracht haben? Für diesen biologisch möglichen Schöpfungsakt wäre freilich die im menschlichen Körper relativ leicht erreichbare Rippe der gemäße menschliche Behälter gewesen." Däniken will also die oft zitierte geschlechtliche Verbindung zwischen Göttern und Menschen dahingehend verstanden wissen, daß dies durch künstliche Befruchtung geschah.

Ich meine hingegen, dieser Problematik weit leichter beikommen zu können, sie sozusagen „universell" zu lösen. Wir wissen, daß der Homo sapiens 46 Chromosome aufweist und daß jedes einzelne dieser Chromosome 4.10 Nucleotidenpaare beinhaltet. Wir wissen auch, daß die stofflichen „Bausteine" des

214

Lebens aus Wasserstoff, Sauerstoff, Kohlenstoff, Stickstoff, Phosphor, Magnesium, Calcium, Schwefel, Natrium, Kalium, Chlor und Eisen gebildet werden. Daneben wirken als biokatalytische (also chemische Reaktionen auslösende) Spurenelemente auch Jod, Fluor, Kupfer, Mangan, Zink und Kobalt in den Zellen lebender Organismen mit. Und wir wissen schließlich, daß Substanz, die lebt, mindestens zweier Anforderungen entsprechen muß:

1. In ihr müssen Anlagen zur Informationsspeicherung sowie solche zur Steuerung und Regelung enthalten sein. Erst dann wird eine biologische Zelle zur Reproduktion gleichartiger Folgezellen in geeigneter Frequenz befähigt, und darüber hinaus zu sprunghaften Abänderungen der Erbanlagen, wo dies eben zum Fortbestand des Lebens erforderlich wird.
2. Lebende Substanz muß sowohl Energieaufnahme- als auch Energieabwandler-Systeme besitzen. Nur dadurch können alle das Leben kennzeichnenden Prozesse eingeleitet und aufrecht erhalten werden.

Wir kennen vor allem vier Arten organischer Verbindungen, die als Wirkstoffe zur Ausübung der Lebensfunktionen unerläßlich sind: Proteine, Lipoide, Polysaccharide und Nucleinsäuren. Letztere sind Organisatoren und Informationsträger für alle Lebensvorgänge und sind in ihren Gesamtfähigkeiten noch nicht restlos erforscht.

„Nach den bisherigen Versuchserfahrungen ist der Nucleinsäure-Protein-Code universell", schreibt Irene Sänger-Bredt, die Gattin des vor einigen Jahren verstorbenen Raketen- und Raumfahrtforschers Prof. Eugen Sänger, in ihrem Buch „Ungelöste Rätsel der Schöpfung — Die kosmischen Gesetze".

Der Beweis für diese Annahme ist bereits 1967 erbracht worden: J. H. Matthaei und G. K. Schoech testeten ein zellfreies System aus menschlicher Placenta im Vergleich zu dem Bakterium Escherinchia coli durch künstliche Boten-RNS, und stellten dabei fest, daß von 64 möglichen Code-Wörtern mehr als 27 sowohl beim Bakterium als auch beim Menschen identisch waren.

„Für alle Lebewesen gilt also der gleiche genetische Code", schließt daraus Irene Sänger-Bredt. Die selbst wissenschaftlich tätige Forschergattin nimmt mit einiger Sicherheit an, „daß alle Lebewesen der Erde das Prinzip dieser genetischen Information seit Beginn der Schöpfung in sich tragen".

Die Autorin zitiert auch den Begründer der Wissenschaft von der Kybernetik, Norbert Wiener: „Information ist weder an Materie noch Energie gebunden, also weder an Raum noch Zeit. Sie ist eine dritte Urform."

Die hier angeführten biologischen Fakten beweisen, wie vielfältig die Anforderungen sind, die den Fortbestand von lebensfähiger Substanz ermöglichen.

Manche Wissenschaftler (so der 1927 verstorbene schwedische Nobelpreisträger Svante A. Arrhenius) rückten der spezifischen Lebensfrage auf recht eigenwillige Weise „zu Leibe". Arrhenius vertrat nämlich die Ansicht, Leben könnte einstmals von fremden Himmelskörpern auf die Erde gelangt sein — in Gestalt von Sporen!

Amerikanische Wissenschaftler haben nun tatsächlich fünf Aminosäuren in einem in Australien niedergegangenen Meteoriten gefunden. Gleichzeitig entdeckten sie aber auch Algen- oder Pilzsporen. Noch ist nicht geklärt, ob diese Sporen auch wirklich die Reise durch das All mitgemacht haben — oder den Weltraumboten erst nach seiner Herabkunft besiedelten.

Der verhältnismäßig hohe Gehalt an Sporopollenin an der Oberfläche des Meteoriten deutet jedoch eher darauf hin, daß die „kosmische Version" zutreffen dürfte.

Spricht also manches dafür, daß der Schwede Arrhenius mit seiner ungewöhnlichen Theorie vielleicht Recht haben könnte, so fehlt uns immer noch der endgültige Beweis, daß sich auch der Homo sapiens in gleicher Weise entwickelt hat.

Irene Sänger-Bredt sieht dies so: „Nach unseren bisherigen Erkenntnissen scheinen die wichtigsten Phasen der Menschwerdung ... mit dem Beginn der diluvialen Eiszeiten zusammengefallen zu sein. Andererseits sind sämtliche heute noch lebenden Affenarten nur innerhalb eines bis zum 40. Breitengrad beiderseits des Äquators reichenden Gürtels zu finden, einer Zone, die von den Eiszeiten verschont blieb. Zu Beginn des Tertiär, im Miozän und Pliozän, haben aber die Affen auch nördlich des 40. Breitengrades in freier Wildbahn gelebt, wie die Funde des hylobatiden Pliopithecus in der Tschechoslowakei, der Schweiz, in Österreich, Deutschland und Frankreich oder des gorillaähnlichen Dryopithecus in Österreich und Frankreich beweisen. Bedeutet dies, daß wir die Menschwerdung der gigantischen Anstrengung einiger weniger besonders hochbegabter Affen verdanken, die sich als einzige Vertreter ihrer Familien den verschlechterten Klimaverhältnissen anzupassen wußten? Wurden einige hunderttausend Jahre später auch die Neandertaler Opfer ihrer unzureichenden Anpassungsfähigkeit an erneute Glazialschübe? Finden wir die fehlenden Zwischenglieder (missing links) der Menschheitsentwicklung vielleicht eines Tages unter den verbliebenen Gletschermassen aus der letzten Eiszeit oder am Grund des heutigen Meeres?"

Nun, auch die Wissenschaftlerin mußte in dieser Frage zur Spekulation Zuflucht nehmen. Wo aber werden wir jene vorderhand unauffindbaren „missing links" eines Tages tatsächlich entdecken?

Viele Vorzeit-Forscher glauben nach wie vor daran, daß dieses fehlende Glied in der Kette unserer Entwicklung irgendwo im Kosmos gesucht werden müsse. Daß es vielleicht die zuvor erwähnten Sporen waren, die den biologischen Prozeß in der Tier- und Pflanzenwelt dieses Planeten ausgelöst haben — doch ganz sicher nicht die Evolution von uns Menschen.

Wie aber ging der Aufstieg des Homo sapiens zum intelligenten, seine Umwelt beherrschenden Lebewesen vonstatten? Robert Charroux überlegt: „Der erste Mensch mag durchaus auf unserer Erde geboren worden sein; er mag sogar einen Affen als Vorfahren gehabt haben. Diese Hypothese ist gar nicht so unwahrscheinlich — aber ebensogut kann er auf einem anderen Planeten geboren worden sein." Und Charroux stellt die grundsätzliche Frage, ob sich die Evolution auf anderen Sternen so sehr von der irdischen unterscheide?

Eine bemerkenswerte Ansicht zu solchen kosmischen Theorien äußert der amerikanische Philosoph Professor Roland Puccetti in seinem Buch „Außerirdische Intelligenz in philosophischer und religiöser Sicht": „Meine zweite wichtige Schlußfolgerung ... über die Konvergenz in der Evolution ist ganz einfach die, daß intelligente außerirdische Wesen im ganzen Universum dem Homo sapiens in großem Maße ähnlich sein müssen. Das ist auch das Ergebnis der Untersuchungen von Bieri, Berrill und anderen; dieses Ergebnis folgt unvermeidlich aus der Tatsache, daß Tiere und Pflanzen auf unserer Erde nicht nur ähnliche Strukturen, sondern auch ähnliche biochemische Systeme und ähnliche Verhaltensmuster als Lösung derselben Grundprobleme entwickelt haben."

„Meiner Ansicht nach ist es interessant", schreibt Puccetti in seiner spekulativen Untersuchung, „daß einige Biologen im Gegensatz dazu außerirdische intelligente Wesen als ‚Menschen' bezeichnen." Damit, vermutet der Autor, könnten sie doch nur meinen, daß alle intelligenten, der Begriffbildung fähigen Organismen dem Menschen ähnlich seien. Ganz allgemein, bemerkt Puccetti, würden nämlich außerirdische Wesen von den Wissenschaftlern als „humanoid", also „menschlich", bezeichnet.

Ich habe dieses Spektrum verschiedenartigster Anschauungen vor allem deshalb vor Ihnen, lieber Leser, Revue passieren lassen, um einen geeigneten Übergang zur eingangs gestellten Frage zu finden, welche biologische Erklärung es für die geschlechtlichen Beziehungen zwischen den gelben Göttern und Göttinnen mit irdischen Frauen und Männern im alten China geben könnte.
Dabei hilft mir auch weiterhin der amerikanische Professor Roland Puccetti und sein bemerkenswertes Buch über die „außerirdische Intelligenz". „Wir können uns zum Beispiel denken, daß sich auf zwei — nicht nur auf einem — Planeten desselben Systems außerirdische intelligente Wesen entwickelt haben", schreibt der Autor. „Diese könnten nach unseren heutigen technischen Erkenntnissen schon vor langer Zeit miteinander in Verbindung getreten sein, und zwar nicht nur auf elektro-magne-

tischem Wege, sondern auch durch direkte physische Konfrontation. Unter solchen Umständen wäre es sicherlich nicht so gewesen, daß die eine Gesellschaft die andere in bezug auf ihre biologische Bestimmung dominiert hätte, sondern sie hätten sich auf der Basis eines übergreifenden logischen Systems verbinden können. Dieselbe Entwicklung wäre auch in einer viel früheren Phase der Evolution, sogar in der vorwissenschaftlichen Periode, denkbar. Zum Beispiel könnte ein Planet eines anderen Systems weit auseinanderliegende Kontinente haben, und auf jedem dieser Kontinente könnten sich intelligente Organismen unabhängig voneinander entwickelt haben, die sich dann gegenseitig entdeckten, wie es bei einigen menschlichen Gesellschaften vom siebzehnten bis zum neunzehnten Jahrhundert der Fall war."

Die Überlegungen Puccettis verblüffen vor allem in seiner Beweisführung im Hinblick auf ein bevölkerungsmäßiges Phänomen, das von jedem Bewohner unseres Planeten in seinem geschichtlichen Ablauf verfolgt und nachgeprüft werden kann. Dieses Phänomen führt direkt zur Grundfrage, ob es einst geschlechtliche Beziehungen der gelben Götter mit den Urbewohnern Chinas gegeben hat. Dazu Puccetti: „Tatsache ist, daß sich auch auf der Erde mindestens vier verschiedene ‚hominide' (menschenartige) Gesellschaften entwickelt haben und als intelligente Organismen miteinander in Verbindung getreten sind. Dieses Zusammentreffen hat aber nicht erst in vorwissenschaftlicher, sondern bereits in prähistorischer Zeit stattgefunden. Sollte es ein übergreifendes logisches Begriffssystem gegeben haben, das sie gemeinsam hatten und das sie in ihrer Gesamtheit als von niederen Tieren unterschieden kennzeichnete, so ist dies jedenfalls nicht bis zum Übergang des Homo sapiens in die historische Periode, die um 8000 v. Chr. begann, erhalten geblieben."

An dieser Stelle gestatte ich mir die provokante Frage: Wäre es am Ende denkbar, daß im Universum überhaupt nur eine Spezies intelligenter Lebensform, nämlich die menschliche Rasse, entstanden ist? „Das heißt natürlich nicht", folgert auch Puccetti, „daß außerirdische intelligente Lebewesen dem Menschen so ähnlich wären, daß sie sich nicht voneinander unterschieden. Schon sehr geringe Abweichungen in der planetarischen Außenwelt sorgen für bedeutende Unterschiede; außerdem gibt es einige nicht feste Merkmale bei den Wirbeltieren, die von Spezies zu Spezies verschieden sein können. Die Hände zum Beispiel könnten ebensogut drei, vier, sechs oder sieben Finger haben, wobei einer ein zweiter Daumen sein könnte. Weniger als drei Finger würden nicht die genügende Beweglichkeit gewährleisten, mehr als sieben dagegen wären wahrscheinlich hinderlich; die Zahl fünf jedoch hat keinen Endgültigkeitswert. Außerdem könnte auch die äußere Oberfläche der Organismen durchaus unterschiedlich sein."

Man sieht also, Professor Puccetti verweist vorsichtig auf die vier erdansässigen Rassen weißer, schwarzer, roter und gelber Hautfarbe und deutet zusätzlich an, daß auch diese humanoiden Geschöpfe sich gänzlich unabhängig voneinander entwickelt haben könnten, dennoch aber einem gemeinsamen kosmischen Ursprung entstammen.

Der Sachbuchautor beschäftigt sich auch mit dem wahrscheinlich unterschiedlichen Aussehen kosmischer Intelligenzen. „Wenngleich zu vermuten ist, daß alle eine behaarte Haut haben", siniert Puccetti, „könnte doch die Farbe und die Dicke dieser Haut je nach Intensität der Sonnenstrahlung usw. variieren. Auf Planeten, die etwas größer sind als die Erde und infolgedessen eine größere Gravitation haben, könnten intelligente Lebewesen verhältnismäßig klein sein und schwere Knochen sowie eine sehr starke Muskulatur haben."

Der Amerikaner nennt noch weitere Beispiele. Klauen und Zangen wären sicher nicht imstande, Finger zu ersetzen, da mit ihnen nicht die gleiche Geschicklichkeit erreicht werden könne. Die Haut sei auch nicht durch ein Federkleid oder einen Schuppenpanzer zu ersetzen, zumindest nicht bei Landraubtieren. Auch bei einem sehr kleinen Körper würden Arme, Kopf, ein langer im Leib verschlungener Darm und manches andere nicht fehlen, „denn auf dem Wege zur Entwicklung eines Tieres (aus dem ja der Mensch hervorgegangen sein soll), das Werkzeuge gebrauchen, in sozialen Gruppen leben und schließlich eine Sprache entwickeln kann, sind dies notwendige Stufen".

Puccetti hält es für absurd, sich intelligente Wesen nach dem Muster phantasievoller Science-Fiction-Romane mit Schwimmfüßen, Fühlern, eingebauten Mikroskopen oder gar rechteckigen Körpern vorstellen zu wollen.

„Bieri (Dr. Robert Bieri, ein bekannter amerikanischer Biologe, Anm. d. Verf.) hat durchaus recht", bekräftigt der Philosoph, „wenn er sagt, daß eine größere Änderung an dem hier gezeichneten Bild nur dann in Erwägung gezogen werden könnte, wenn diejenigen, die sie vorbrächten, sie anhand einer Reihe von Schritten der Evolution nachweisen und davon ableiten könnten. Wenn solche Fälle nicht auftreten, können wir sicher sein, daß mögliche außerirdische Wesen mehr oder weniger so aussehen würden wie wir."

Ist der Homo sapiens also eine universelle Schöpfung? Wäre dies wirklich so unwahrscheinlich? Robert Charroux wagt eine derartige Überlegung offen auszusprechen: „Wir wissen, daß die Erde gegenwärtig ein privilegierter Planet innerhalb unseres Sonnensystems ist, doch wäre es absurd, dieses Privileg auf den gesamten Kosmos zu beziehen. Es wäre unvernünftig anzunehmen, daß während der Ewigkeit vor den lächerlichen fünf bis zehn Milliarden Jahren, die unsere Erde besteht, im Universum nichts Wichtiges — zumindest in bezug auf das menschliche Leben — vorgefallen sein soll. Es ist einfach undenkbar, daß äonenlang Planetensysteme entstanden und wieder verschwunden sein sollen, bis die Erde auftauchte und darauf endlich der Mensch, jenes stolzgeschwellte selbstzufriedene Wesen entstand. Der Mensch, die Krone der Schöpfung, der Inbegriff der Vollkommenheit! Milliarden von Galaxien haben alle ihre Möglichkeiten ausgeschöpft, und was ist dabei herausgekommen? Parturiunt montes, nascetur ridiculus mus (Gewaltig kreißten die Berge, zur Welt kommt eine lächerliche Maus). Wäre es nicht viel logischer anzunehmen, daß der Mensch vor vielen Milliarden Jahren irgendwo im ewigen Kosmos geboren wurde und nicht auf einer neu entstandenen Welt?" Von allen Entwicklungsarten hält Charroux jene der außerirdischen Herkunft des Homo sapiens „am ehesten wahrscheinlich", denn sie stünde im Einklang mit den Entwicklungsgesetzen des Universums und mit der Fortpflanzung des Menschen von Planet zu Planet, „die von allen Überlieferungen bezeugt wird".

Wir sind im heimatlichen Hafen gelandet. Bewußt habe ich auch andere Autoren zu Wort kommen lassen, ihre vielfältigen Theorien der meinen vorangestellt. Ob Irene Sänger-Bredt, Roland Puccetti oder Robert Brieri – sie alle sind unverdächtig, mit mir im gleichen Fahrwasser zu segeln. Daß ihre Überlegungen mit meinen eigenen korrespondieren, beweist jedoch eine nicht zu leugnende gemeinsame Logik.

Sieht man es also streng biologisch, so waren die Kulturheroen des vorzeitlichen China – die „gelben Götter" dieses Buches – alles andere als nicht-menschliche Geschöpfe. Dennoch stammten sie nicht von diesem Planeten, waren also Fremde. Ankömmlinge aus dem All.

Auch die „gelben Götter" waren – in der mathematischen Sprache ausgedrückt – einer von vielen „Zählern", die irgendwann aus dem gemeinsamen „Nenner", dem universellen Homo sapiens, hervorgegangen sind. Und so verwundert es auch nicht weiter, daß es bei geschlechtlichen Beziehungen zwischen diesen „Göttern" und den chinesischen Urahnen zu keinen Komplikationen gekommen ist.

Wir wissen es heute noch nicht, wir können es nur vermuten, wie viele Planeten im Laufe von Jahrmilliarden von der Gattung Mensch besiedelt wurden. Wie viele großartige Zivilisationen entstanden und wieder untergegangen sind. Wie viele „Auswanderungen", hervorgerufen durch kosmische Katastrophen, stattgefunden haben. Tragödien, von denen uns keine Legende berichtet. Wie viele Raumschifflotten flüchtiger Rassen mögen wohl in diesen Zeiträumen unterwegs gewesen sein, auf intensiver Suche nach neuem Lebensraum?

Wer weiß, wann einstmals der erste Schwarze, Rote oder Weiße den ungerodeten Boden des Planeten Erde betreten hat? Vielleicht ist jene Mythe vom Paradies, dem Garten Eden, kein Ammenmärchen, keine fromme Legende. Vielleicht sind in dieser, heute kaum verständlichen Erzählung Elemente uralten Gedankengutes erhalten geblieben. Vielleicht berichtet sie von einer menschlichen Tragödie von universellem Ausmaß.

Wäre es denkbar, daß die spätere „Vertreibung" des Menschen aus dem Göttergarten durch den „Engel mit dem Flammenschwert" nichts weiter bedeutet, als die Versinnbildlichung eines kosmischen Dramas? Handelt es sich hier um die Widerspiegelung einer überstürzten Flucht betroffener Planetenbewohner von ihrem dem Untergang preisgegebenen Heimatgestirn? Landete das Häuflein Gestrandeter mit ihren Raumschiffen später auf einem noch völlig naturbelassenen Planeten, dessen klimatische Bedingungen den Flüchtigen entgegenkam? Entstand vielleicht daraus das Symbol der „Ackerscholle", die „Adam" im Schweiße seines Angesichts gemeinsam mit seiner Gefährtin „Eva" erst urbar machte?

Um beim Thema zu bleiben: Widerfuhr auch den „gelben Göttern" ein ähnliches Schicksal? Sicher scheint nur: Das alte China wurde ihre zweite Heimat. Wo aber lag ihr Paradies?

LITERATURVERZEICHNIS

Blavatsky, Helena Petrowona: Das Buch des
Dzyan — Etthofen 1932
Breuer, Hans: Kolumbus war Chinese — Societäts-Verlag 1970
Butlar, Johannes von: Schneller als das Licht — Econ 1972
Ceram, C. W.: Götter, Gräber und Gelehrte in
Dokumenten — Rowohlt 1965
Charroux, Robert: Phantastische Vergangenheit — Herbig 1966
Verratene Geheimnisse — Herbig 1967
Unbekannt — Geheimnisvoll — Phantastisch — Econ 1970
Die Meister der Welt — Econ 1972
Christie, Anthony: Chinesische Mythologie — Vollmer 1968
Churchward, James: The Second Book of the
Cosmic Forces of Mu — Library 1968
Däniken, Erich von: Erinnerungen an die Zu-
kunft — Econ 1968
Zurück zu den Sternen — Econ 1969
Aussaat und Kosmos — Econ 1972
Drake, W. Raymond: Spacemen in the Ancient
East — Neville Spearman 1965
Dsi, Liä: Das wahre Buch vom quellenden
Urgrund — Diederichs 1968
Eberhard, Worlfram: Beiträge zur Astronomie
der Han-Zeit — Potsdam 1933
Elmayer v. Vestenbrugg, Rudolf: Eingriffe aus
dem Kosmos — H. Bauer 1971
Ferguson, J. C.: Chinese Mythologie — New York 1964
Findeisen, Hans: Schamanentum — Kohlhammer 1957
Franke, Herbert (Hrsg.); Trauzettel, Rudolf
(Hrsg.): Das Chinesische Kaiserreich — Fischer 1968
Fuchs, Walter R.: Leben unter fernen Sonnen? — Droemer Knaur 1973
Grimal, Pierre (Hrsg.): Mythen der Völker II — Fischer 1967
Ions, Veronica: Indische Mythologie — Vollmer 1967
Jacoby, Bernhard: Als die Götter zahlreich
waren — Scheffler 1968
James, E. O.: Religionen der Vorzeit — Schauberg 1960
Kasanzew, Alexander: Tunguska Katastrophe
(aus „Sputnik", Nr. 5) — Belser 1968

Kohlenberg, Karl F.: Enträtselte Vorzeit — Langen Müller 1970
Kolosimo, Peter: Sie kamen von einem anderen Stern — Limes 1969
Woher wir kommen — Limes 1972
Krassa, Peter: Rote Saat in gelber Erde (aus „Nö. Nachrichten", Nr. 35) — Nö. Pressehaus 1972
Küsters, Klaus: Utopie, die Wahrheit von morgen — Enger 1969
Laufer, B.: The Prehistory of Aviation — Field Museum Chicago 1928

Leslie, Desmond: Fliegende Untertassen sind gelandet I — Ventla 1962
Lester, Dix: UFO-Landebasis in der Sowjetunion (aus „UFO-Nachrichten", Nr. 174) — Ventla 1971
Leyen, Friedrich von der (Hrsg.): Chinesische Märchen — Diederichs 1958
Lissner, Ivan: Rätselhafte Kulturen — Walter 1961
So habt ihr gelebt — Walter 1961
Norman, Eric: Bibel, Götter, Astronauten — Heyne 1972
Olschak, B. C.: Tibet: Erde der Götter — Rascher 1960
Stufenwege der Erleuchtung — Birkheimer 1967
Ostrander, Sheila; Schroeder, Lynn: PSI — Scherz 1971
Pahl, Jochim: Sternenmenschen sind unter uns — Desch 1971
Pauwels, Louis; Bergier, Jacques: Aufbruch ins dritte Jahrtausend — Scherz 1962
Der Planet der unmöglichen Möglichkeiten — Scherz 1968
Die Entdeckung des ewigen Menschen — Scherz 1971
Puccetti, Roland: Außerirdische Intelligenz — Econ 1970
Schafer, Edward H.: China — das Reich der Mitte — Rowohlt 1971
Saizew, Wjatscheslaw: Wissenschaft oder Phantasie (aus „Sputnik", Nr. 1) — Belser 1968
Sänger-Bredt, Irene: Ungelöste Rätsel der Schöpfung: Die kosmischen Gesetze I — Econ 1971
Spuren der Vorzeit II — Econ 1972
Simbriger, Heinrich: Geheimnis der Mitte — Diederichs 1961
Steinhäuser, Gerhard R.: Heimkehr zu den Göttern — Herbig 1971
Thorwald, Jürgen: Macht und Geheimnis der frühen Ärzte — Knaur 1962
Tomas, Andrew: Das Geheimnis der Atlantiden — Günther 1971
Wir sind nicht die ersten — Hieronimi 1972
Weygandt, Helmut: Was blieb: Lebendige Kunst der fernen Völker — Jacobi 1970
Wiese, Joh. J. von: Schliemann entdeckt Troja — Bardtenschlager 1971

Mein Dank gilt jenen, die zur Fertigstellung dieses Buches beigetragen haben: Erich von Däniken, Guido Bangerter, Botschafter Wang Yueh-yin, Chen Wen-kuei, Wang Ching-yu, Wang Chung-su, Roman Krestjaninow, Juri Fedossjuk, Alexander Kasanzew, Wladimir Medwedew, Wjatscheslaw Saizew, Prof. Wolfram Eberhard, Kuno Knöbl, Klaus Keplinger, Fritz Egger, Dr. und Mrs. Milton Arno Leof, Andrew Tomas, Fritz Molden, The Metropolitan Museum of Art, New York, Völkerkundemuseum, Wien.

P. K.